KB052527

현대 고려인 인물 연구 5

강제동원의 땅 : 사할린

지은이 **진 율리야**

러시아 사할린 향토박물관 책임편집자
러시아극동연방대학교 역사학 박사
사할린 한인의 역사를 연구 중이다.

옮긴이 **김종헌**

고려대학교 역사학연구소 연구교수
러시아 모스크바국립대학교 역사학 박사
러시아 극동정책사, 근대 한러관계사, 고려인 역사 등을 연구 중이다.

현대 고려인 인물 연구 5

강제동원의 땅 : 사할린

초판 1쇄 인쇄 2022년 2월 18일
초판 1쇄 발행 2022년 2월 25일

지은이　　진 율리야
옮긴이　　김종헌
펴낸이　　윤관백
펴낸곳　　동서출판 선인
등 록　　제5-77호(1998.11.4)
주 소　　서울시 양천구 남부순환로48길 1(신월동163-1) 1층
전 화　　02)718-6252/6257
팩 스　　02)718-6253
E-mail　　sunin72@chol.com

정가 20,000원
ISBN 979-11-6068-681-4 94900
ISBN 979-11-6068-676-0 (세트)

이 저서는 2016년도 대한민국 교육부와 한국학중앙연구원(한국학진흥사업단)의
해외한인연구사업의 지원을 받아 수행된 연구임(AKS-2016-SRK-1230003)

· 이 책에 실린 글과 사진 등 내용에 무단 전재와 복제를 금합니다.
· 잘못된 책은 바꾸어 드립니다.

동국대학교 대외교류연구원 연구총서 12
동국대학교 인간과미래연구소 연구총서 10

현대 고려인 인물 연구 5

강제동원의 땅 : 사할린

진 율리야 지음 ㅣ 김종헌 옮김

 도서출판 선인

간행사

'현대 고려인 인물 연구'는 2016년 한국학중앙연구원의 '한국학 특정 분야 기획연구 해외한인연구' 과제로 선정되어 3년 동안 러시아와 중앙 아시아 각국의 한인들이 "현재 어디에서 어떻게 살고 있는가"를 종합적으로 살펴본 결과물이다.

160여 년 전 궁핍과 지방 관료의 탐학을 피해 두만강 너머 러시아 연해주로 이주한 한인들의 후손인 고려인들은 지금 4, 5세대를 넘어 6, 7세대까지 이어지고 있다. 첫 이주 당시 13가구 40여 명으로 출발했던 고려인 디아스포라는 현재 50만여 명을 헤아리고 있다.

구소련 시기 소비에트 공민으로 독자적 정체성을 형성해 왔던 고려인 사회는 1991년 소련의 해체로 인해 대격변을 맞이했다. 소련은 해체되어 15개의 공화국으로 분리되었고 예전의 소련 공민들은 러시아 국민으로, 카자흐스탄 국민으로, 우즈베키스탄 국민 등으로 나뉘어졌다. 사회주의 사회에서 자본주의 사회로 변화하는 과정에서 이전의 생활환경이 송두리째 변화했다. 고려인들은 독립된 국가와 새로운 사회에 적응해야만 했다. 급격한 이주가 뒤따라왔다. 이전까지 자신들의 터전이라고 생각해왔던 집단농장과 도시의 직장을 뒤로 한 채 새로운 삶의 터전을 찾아 떠나기 시작했다.

　모두가 고통스러운 시기였다. 구소련의 맏형이었던 러시아는 곧 모라토리움을 선언하고 기나긴 경제 침체로 접어들었고, 독립한 중앙아시아 국가들에서는 민족주의가 기승을 부리기 시작했다. 원래 그 땅의 주인이 아니었던 고려인들에게는 더욱더 고통스러운 시기였다. 냉전은 끝났지만 냉진의 그늘이 아직 드리워져 있어 역사적 고국으로부터의 충분한 도움도 기대하기 힘들었다.

　하지만 변화와 고통은 누군가에게는 기회이기도 했다. 더구나 고려인들은 강제이주라는 극한의 고통을 슬기롭게 극복해낸 경험이 있었다. 시간이 흐르면서 러시아와 중앙아시아 각국의 고려인들은 서서히 자리를 잡아가며 그 국가와 사회의 각 분야에서 두각을 나타내기 시작했다. 정계에 입문하거나 관계에 자리를 잡기도 하고, 자본주의 사회에 적응하며 뛰어난 수완으로 괄목할 만한 경제적 성과를 이룩하기도 했다. 문화, 예술 분야에서 두드러진 성과를 내기도 하고, 올림픽과 세계선수권대회에서 메달을 획득하기도 했다. 구소련 시기에 이어 학계에서도 존경받는 학자들이 배출되었다. 이들은 각지에서 고려인협회 또는 고려인민족문화자치회 등을 조직하여 러시아와 중앙아시아 각국의 소수민족으로서 정체성을 확립해가고 있다.

　이 학술총서는 오늘날 러시아와 중앙아시아 각국에서 두각을 나타내고 있고, 소수민족으로서 고려인 사회를 이끌어가고 있는 이들이 누구이며, 어디에서 어떻게 활동하고 있고, 그들의 미래는 어떠할 지를 연구한 결과물이다.

　고려인들의 현재 모습을 종합적으로 연구하기 위해 지역적 특성과 세대적 특성으로 구분하는 연구방법을 동원했다.

　지역은 다음과 같이 크게 8개로 나누었다.

① 러시아의 중심 - 모스크바와 유럽 러시아, ② 고려인의 고향 -
러시아 극동 연해주, ③ 중앙아시아로부터의 탈출구 - 시베리아
일대, ④ 새로운 삶을 찾아서 - 남부 러시아, ⑤ 강제동원의 땅 -
사할린, ⑥ 강제이주 된 터전에서 1 - 카자흐스탄, ⑦ 강제이주
된 터전에서 2 - 우즈베키스탄, ⑧ 재이산 - 대한민국과 유럽, 미
주의 고려인.

세대는 다음과 같이 3세대로 나누었다.
① 은퇴한 원로들 - 선배세대, ② 왕성한 활동 - 기성세대, ③ 고
려인의 미래 - 신진세대.

위와 같은 연구방법을 통해 3년 동안 연구한 결과물을 지역별로 1권
씩 총 8권의 학술총서를 저술했다. 러시아로 작성된 총 7권의 학술총서
는 고려인 디아스포라에 관심이 있는 연구자, 일반대중, 관련 기관들이
그 내용을 쉽게 이해할 수 있도록 한글로 번역했다.

총 8권의 학술총서는 동일한 연구방법과 서술체계를 갖추고자 했지
만 지역적 특성의 차이, 고려인들의 지역별 분포의 차이, 공동연구원들
의 서술 경향 등에 따라 각각 공통된 형식과 내용을 가지면서도 차별성
도 가지고 있다.

본 사업단은 학술총서를 통해 고려인들의 정체성에 대한 이해를 높
이고, 한국인과 고려인들의 상호관계를 정립하는데 기여하고, 더 나아가
한국과 러시아 및 중앙아시아 각국 관계의 미래에 기여하고자 했다. 그
래서 본 사업단은 고려인과 관련하여 보다 많은 내용들을 조사하고 정리
하여 서술하고자 했다.

그러나 러시아와 중앙아시아에 널리 분포되어 있으며, 끊임없이 유동
하는 고려인 인물들을 객관적이면서 종합적으로 조사하고, 이를 총서로

작성하기에는 많은 한계가 있었다.

　　나름의 성과와 기여에도 불구하고 내용의 부족, 자료의 부정확, 번역의 오류 등 학술총서의 문제점은 본 사업단, 특히 연구책임자의 책임이다. 이에 대한 질정은 앞으로 고려인 연구에 더 매진하라는 애정 어린 채찍질로 여기고 겸허히 받아들이고 한다.

2022년 2월
연구책임자

목차

강제동원의 땅 : 사할린

서론

  이 책은 2008년 이후의 연구 기간 동안 저자가 수집한 기록문서 자료 및 현장조사 자료에 기반하고 있다. 출판된 자료들에 응답자와의 인터뷰, 사건 참가자들의 회상이 항상 완전히 반영되는 것은 아니기 때문에, 저자는 독자에게 이를 더 많이 제시할 필요가 있다고 생각했다.

  저자는 유즈노사할린스크, 우글레자보츠크, 포로나이스크 등과 같은 사할린 지역에서 주로 현장 자료를 수집했다. 일부 인터뷰는 사할린 한인 1세대들이 본국으로 송환되어 정착하고 있는 한국 내 응답자들을 대상으로 하였다. 또한 다른 연구자들이 취재하여 출판한 인터뷰도 적극적으로 활용하였다. 저자가 직접 진행한 인터뷰만으로는 사할린 한인 디아스포라의 역사에서 중요한 사건을 모두 재구성할 수 없었기 때문에 그 자료들을 활용하기로 결정하였다.

  저자는 2장, 3장, 4장에서 의도적으로 사할린 한인들에게 "지면을 할애하고" 자신의 생각을 최소화하려고 노력했다. 저자나 다른 연구자들, 지역 연구자들에게 이야기되고, 책이나 신문에 실린 그들의 기억이야말로 독자들을 이 책에서 언급되고 있는 사람들의 세상에 빠져들게 할 것이기 때문이다.

***

사할린 한인들의 역사는 그렇게 오래되지 않았지만 이미 독자들[1])에게 학문적 문헌의 중요한 내용을 제시할 수 있다. 그러나 그 편향성과 수집의 어려움으로 인해 학문적 문헌에서 내러티브 소스 정보는 거의 이용되지 않는 경향이 있다.

20세기 후반부에서 21세기에 이르는 기간은 사회과학에시의 진정한 혁명 시기로 여겨진다. 역사적 방법과 이론의 갱신을 향한 열망은 역사적 과정에 관한 전통적 관념의 재검토와 역사적 과정의 문화적, 정신적 그리고 사회적 요소들에 대한 구 관점의 새로운 이해로 이어졌다. 인류의 사회문화사에 대한 새로운 간점은 전통적 역사학 방법론의 재검토 및 인간과 사회에 대한 이론적, 실용적 연구에서 중요한 역할을 수행했다.

전체적인 과거의 그림에 최대치로 접근하는 것 그리고 다양한 관점에서 연구 대상을 검토하는 것은 역사학 연구자들의 당연한 목적이다. 그런 접근은 사회 문제의 새로운 해결을 도출하는 것, 사회 과정의 역학에 영향을 주는 것, 구체적인 사회집단과 각 개인의 삶의 방식이나 문화와 정신적 가치의 다양성을 지닌 사회의 통일성을 결합하는 것 등을 가능하게 해 준다.

민주주의적 개방성과 관찰, 인간 권리의 국제법적 준수의 세계인 현대 세계에는 복잡한 형태로 서로 간에 또는 국가와 상호 작용하는 사회 기구가 다수 존재한다. 이런 사회 기구들 내에서 중심적 지위 중 하나를 차지하고 있는 민족 디아스포라는 질적인 지속성을 확보하면서, 학문적 연구와 분석 그리고 의의부여를 필요로 하는 독특한 국제적 현실

---

1) 사할린 한인들의 역사에 대한 자세한 연구는 제 1장 참조.

로서의 디아스포라 현상을 받아들이기 위한 전제 조건을 만들어 내고 있다.

본 연구 주제의 현실성은 러시아와 같은 다민족 국가에서 증대되고 있는 민족 문제의 의미에 의해 기인되었다. 자신의 영토에서 단일한 사회문화 단체를 건설하려는 국가의 의도는 종종 다양한 문화적 그리고 정치적 가치와 정통의 소유자인 소수 민족의 적극적 또는 소극적 저항에 부딪치곤 한다.

러시아에서 비러시아계 주민이 20%(소비에트 시기에는 소연방 전체 인구의 50%를 넘었다)를 넘어서는 조건 속에서 소수민족, 디아스포라의 연구는 특별한 현실성을 지니고 있다. 여러 민족 집단 축적의 역사적 전제 조건 그리고 다수민족과 그 집단들 간의 상호관계, 사고방식의 형성, 민족 공동체의 자아인식, 각 민족의 정체성과 독자성 보존 문제 등에 대한 관심이 증폭하고 있다. 디아스포라가 자신이 속한 사회로 사회경제, 정치 그리고 문화적으로 적응하고 통합되고, 사람들이 변화되는 조건에 적응하는 문제 역시 적지 않게 현실적이다. 기원과 역사적 발전의 독특한 특징을 지니고 있는 민족 공동체로서의 사할린 한인 디아스포라의 연구는 위와 같은 조건 속에서 현대 역사학을 위해 매우 중요하다.

사할린과 쿠릴열도 한인 디아스포라의 역사를 보다 완전하고 입체적인 영상을 복원하기 위하여 본 저자는 가장 중요한 사건(이주와 귀환 운동, 송환 및 기타)에 직접 참가했거나 부모, 친구, 지인 등과 같이 직접적인 참가자들의 기억을 복구할 수 있는 증언자들과의 인터뷰로 확보된 구술 자료를 주로 이용했다. 이 연구를 수행하기 위하여 우리는 인간의 행동을 제도적 규제라는 측면에서 연구하고 역사적 행동과 사건을 연구할 수 있도록 전기적(傳奇的) 방법론을 적용하였다.[98, p. 11]

현장 자료는 녹음기를 사용하여 기록되었으며 사할린 주 지역 박물관(유즈노사할린스크)의 과학 기록 보관소에 보관된다. 오디오 파일은 전자 매체(CD-ROM)에 번호가 매겨져서 기록된다. 책의 인터뷰 링크는 일련번호로 제공된다. 책의 끝에는 인터뷰 목록이 인터뷰[일련 번호], 성별, 생년월일, 인터뷰 지역, 인터뷰 날짜의 형식으로 제공된다.

본 저자가 수집한 현장 채집 사료 이외에노 러시아어와 한국어로 출간된 자료도 이용되었다. 논문, 저서, 서적, 회고록, 일기 등은 한인 디아스포라사의 많은 사건들과 사할린 한인 정체성을 다양한 관점에서 살펴볼 수 있게 해 주는 자료이다.

제1장

사할린 한인 문제 개설

1. 사할린 한인사 연구사료

본 연구에서 우리는 독자들에게 러시아 역사 자료만을 소개할 것이다. 한국 학자들과 일본 학자들의 연구 역시 의심할 나위 없이 매우 흥미로울 것이지만 그것은 그들 스스로 할 일이다.[1] 영어권 (미국의) 역사 자료는 그 수가 매우 적기 때문에 전체적으로 검토할 필요가 없다고 생각된다.[2]

실질적으로 소연방이 존재했던 전체 기간이라는 오랜 시간 동안 사할린 주의 한인 문제는 러시아 학계에서 연구되고 검토되지 않았다. 이 주제의 학술적 가공에 대한 비공식적이지만 현존하는 금지[3]가 사할린

---

1) 어떤 면에서는 이미 연구가 되어있다. 일본에서는 미야모토[75]가 사할린 한인의 역사에 대한 연구 고찰을 진행했고, 한국에서는 방일권[103]이 있다. 일본어와 한국어로 쓰여진 사할린 한인과 관련된 논문 전체 목록은 책의 끝부분에서 볼 수 있다.

2) 스테판(Дж. Стефан)[9]과 긴즈부르그(Дж. Гинзбурга)[3, 4]의 논문 정도가 있다.

3) 군사와 국가 기밀 및 언론 보호를 위해 사할린 주 문학 및 출판업무 책임자

한인 문제에 대한 연구의 양에 부정적으로 영향을 주지 않을 수 없었다. 위 기간 동안 단 두 명만의 소련 학자들이 자신의 연구물 속에서 사할린 한인의 역사를 언급했다[42, 70]. 소비에트 시기의 인쇄된 사료들 역시 학계에 출간되지는 않았다.

1985년에 시작한 페레스트로이카와 글라스노스트 시대 그리고 그 뒤를 이어 민족 집단과 디아스포라 연구에 대한 철금의 시기에 사할린 한인 디아스포라와 그 디아스포라가 지닌 개별적 측면들의 역사에 대한 연구물이 대규모로 등장하게 되었다. 그런 연구물이 풍부했음에도 불구하고 전문적으로 그리고 심도 있게 이 주제를 다룬 이들로 세 명의 러시아 학자들만을 구분할 수 있다.

그들 중 첫 번째는 복지고우(Бок Зи Коу는 그의 시민권에 표기된 성명이다. 일상 생활에서는 러시아식으로 Михаил Иванович로 불렸으며, 그의 정식 한국식 성명은 '박수호'이다. 이하 박수호로 표기한다 - 역주)다. 페레스트로이카 당시에 저술되어 1993년에 출간된 '사할린의 한인들'[14]이 그의 작품이다. 사할린 한인사 연구에 대한 그의 기여에 대한 의심의 여지는 없다. 박수호는 자신의 저서에서 주로 사할린 한인 이주에 관한 일본의 학술서와 대중서를 분석하고 있으며, 사할린 한인 공동체 소속 일부 회원들의 회고록을 인용하고 있다. 그의 연구물이 지닌 장점은 저자인 박수호 스스로 책 속에 기술된 대부분의 사건에 직접 관련되어 있다는 것이지만, 오히려 그것이 학술연구물에 일부 주관이 개입하도록 만들었다. 일부 단점에도 불구하고 박수호의 저술은

데니스킨(Денискин В.И.)에게 하달된 1952년 11월 11일자 № 2915с 소연방 각료회의 전권의 설명에 따르면, 공개된 언론에서 한민족 이주민들의 이주와 배치에 대한 정보의 제공이 금지되어 있었다[Государствен ныйисторическийархив Сахалинской области(사할린주 국립역사문서보관소, 이후 ГИАСО로 표기). Ф. Р-131. Оп. 1. Д. 3. Л. 7)]. 박수호는 자신의 저서에서 이런 사실에 대해 회상하고 있다[14, c. 3].

러시아 역사학계에서 사할린 한인 문제에 전적으로 할애된 첫 번째 연구서이다. 이 외에도 그에게는 사할린 한인사에 대해 일본과 러시아에서 연구되었던 일련의 문제들에 지적하는 몇 편의 저술이 더 있다[12,13].

러시아 역사학계에서 사할린 한인 문제를 전공하는 학자 중 가장 뛰어나고 인정받는 이는 쿠진(А.Т. Кузин)이다. 그는 사할린의 문서보관소들로부터 수집한 광범위한 사료들을 최초로 학술적으로 가공한 일련의 연구물을 저술했다. '극동 한인: 삶과 인생의 비극'[45]이라는 저서가 그의 첫 연구물로, 사할린 한인사 연구물 중에서 현재까지도 외국에서 가장 많은 이들이 찾는 것 중 하나이다(일본어로 번역되었다). 이 책의 제2부는 모두 현대 한인 디아스포라에 할애되었다. 쿠진은 2006년에 문서와 자료집[114]을 발간했으며, 이후 2010년에 사할린 한인사에 관한 오랜 연구 결과물들을 집대성한 전 3권의 '사할린 한인의 역사적 운명'[52, 55, 56]이라는 자신의 가장 방대한 연구물이 된 저서를 출간했다. 그는 사할린 한인 공동체 역사의 개별적 의문과 문제에 관련된 다른 연구물도 발표했다[2, 46-51, 53, 54, 57-62]. 2012년 쿠진은 러시아학술원 산하 극동 인민 역사, 고고학, 민속학 연구소에서 박사학위 논문 심사를 통과하여 자신의 오랜 학문적 탐구의 결실을 맺었다[64].

일본 정부에 의하여 잔혹한 운명에 버려진 인민의 역사로서 사할린 한인사 문제에 접근한 쿠진은 사할린 공동체 역사에서 알려지지 않은 수많은 의문점을 연구하고 답변을 도출해 내었다. 특히 그는 1945년 이후 한인 주민의 수에 관한 정보를 최초로 제공했으며, 사할린 한인에 대한 소비에트와 러시아 정부의 정책, 사할린 한인에 대한 일본, 북한 그리고 대한민국 정부의 태도, 편견적 태도와 권리 침해 그리고 공개적인 차별의 경우와 사실들을 분석했다. 또한 사할린 한인 공동체에서 의미를 지니고 있는 다양한 역사적 과정과 현상들, 즉 북한 출신 한인 노동자들의 노동 이주, 시민의 법적 지위 문제, 강제 이주와 재이주, 역사적 모국으로의 송황 문제, 한인 사회조직의 활동, 대한민국 및 북한과의 관계 등을 연구했다. 쿠진의 연구업적은 역사학자들 내에서 유명하며, 러시아와 해외에서도 잘 알려져 있다.

사할린 한인의 역사와 민속학을 연구하는 저명한 연구자들 중에서 세 번째로 들 수 있는 사람은 박승의이다. 그의 연구물(단독 저술과 공동 저술)은 사할린 한인들의 역사[77, 79, 89, 91, 96], 문화[28, 80, 81], 민속학[82-87], 송환 문제[78, 88]와 정체성[90] 등을 밝히고 있다. 박승의는 사할린 한인 2세대로서 자신의 연구물에서 사할린 한인 디아스포라의 다양한 의문과 문제들을 분석하고 있으며, 자신이 목격한 사건들을 묘사하고 있다.

상기 세 명의 학자를 제외하고도 일련의 저자들이 사할린 한인사의 각 개별적 측면을 연구하고 있으며, 유사한 주제의 범위 내에서 자신의 연구를 수행하고 있다.

코스타노프(А.И. Костанов)와 포들루브나야(И.Ф. Подлубная)는 1945년부터 1963년까지 존재했던 사할린 주 한인 학교에 관한 면밀한 연구물을 발표했다[43]. 이들은 문서보관소 소장 자료에 기초한 자신의 연구물에서 한인 주민을 위한 민족학교의 형성, 기능 그리고 폐쇄의 역사를 추적했으며, 학교 업무에서 동반되었던 인적 물적 문제, 이 민족 학교를 폐쇄하는 결과로 이어졌던 소비에트 정부의 정책 등을 토론하고 있다.

포들루브나야는 한인 디아스포라사에 관한 자신의 연구를 지속하여 국제 컨퍼런스에서 '사할린에서의 한인 주민 형성의 근원'[93]이라는 논문을 발표했다. 그녀는 이 논문에서 사할린으로의 한인 이주에 대한 자신의 관점을 표명했으나, 일본이 사할린을 통치할 당시의 사료들을 보충적으로 인용하지 않은 채, 러시아 문서보관소의 자료만을 주로 이용했다.

자브롭스카야(Л.В. Забровская)는 자신의 연구에서 사할린 한인 공동체에 대한 북한의 정책[25]과 1940년대에 사할린으로 파견된 북한의 노동 이주[27] 그리고 남북한과 사할린 한인 디아스포라의 현재적 관계 등을 밝히고 있다[26].

이리나 보리소브나 김(김영희)은 '사할린 한인'[39]이라는 자신의 논문에서 사할린 지역 박물관에 의해 수행된 사할린 한인에 관한 민속학적 정보 수집 작업과 박물관 소장품 수집에 대해 언급했고, 몇 년 후 사할린 한인들의 삶과 문화에 대한 민속지학적 설명과 관련된 학문적 연구를 계속하여 "사할린 한인. 사할린 주 지역 박물관 컬렉션 카탈로그"[38]를 출판했다.

미소노바(Л.И Миссонова)는 사할린 주민(한인도 그중 일부이다)의 민족 정체성 연구에서 대규모의 민속학적 작업을 수행했다.[74] 그녀는 자신의 연구 업적에서 한반도 남부에서 온 사할린 한인들의 기원, 도시로의 정주(특히 사할린 전체 한인의 절반 이상이 주도에 보여 살고 있다)와 같은 역사의 특징들에 주의를 기울이고 있다.

일본 민족주의자들이 미주호(현 포자르스코예/Пожарское)와 카미시스카(현 레오니도보/Леонидово)에서 평범한 한인 주민들을 학살했던 1945년의 비극에 대해서는 가포넨코(К. Гапоненко)의 '미주호 촌에서의 비극'[21]과 그린(В. Гринь)의 '인생에서의 긴 이별'[22]이라는 두 편의 책이 있다.[4] 한편으로 이 두 단편은 소설의 장르로 작성

---

4) 이에 대해 보다 자세한 설명은 이후 본문에서 나온다.

되었기 때문에 그것을 학술적 연구서로 보기에는 문제가 있다. 다른 한 편으로는 이 두 책이 조사 부문의 자료에 기초하여 작성되었기 때문에 사할린 한인 디아스포라사의 가장 힘든 시기를 밝혀줄 수 있다. 위 저서는 한국어로 번역되었으며, 그린의 책은 일본어로도 번역이 되었다 (원본과 번역본이 동시에 출간되었다).

크지 않지만 정보가 많은 알린(Ю.Ю. Алин)의 논문[10]은 중요한 문제 중 하니, 즉 일본 저축은행에 예금되었던 사할린 한인들 예금과 그 문제의 해결 가능성을 제기했다.

추펜코바(И.А. Цупенкова)의 연구물인 '잊힌 극장'[100]은 길지 않았던 한인 연극 극장의 역사를 얘기해주고 있다. 그녀는 자신의 연구물에서 사할린 문서보관소의 자료는 물론, 극장의 정신적 격려자와 극장 직원들이었던 사람들의 회고록 역시 이용했다. 나중에 사할린 주 한인 극장의 역사에 관한 더 상세한 내용이 크라에프(А.И. Краев)와 추펜코바의 공동 저서[44]로 발표될 것이다.

카자흐스탄의 학자인 김(Г.Н. Ким)은 광범위한 작업의 범위 내에서 사할린 한인 이주의 몇몇 문제들을 검토했다[34-36]. 2권으로 구성된 '한인 이주사'는 사할린 한인 주민들의 이주, 사할린 한인 디아스포라와 연관이 있는 일련의 문제들, 나이, 성별과 사회적 구성원의 특징, 남북한에 대한 디아스포라의 관계 등에 주된 관심을 기울이고 있다. 그는 자신의 출간물과 논문[32, 33]에서 사할린 한인 디아스포라 역사에서의 현실적인 문제들, 즉 일본 통치기 사할린으로의 이주 문제, 북한으로부터의 노동 모집 그리고 역사적 모국으로의 송환 등을 다루고 있다. 김의 연구는 센서스 자료 및 박수호, 존 스테판(Дж. Стефан) 이병주, 쿠진 등의 연구물에 기초하고 있다. 그는 2차 세계대전 이후 전연방 공산당(볼셰비키)의 명으로 카자흐스탄에서 사할린과 쿠릴 제도로 이

주된 한인들의 역사도 역시 다루고 있다[37].

김(И.П. Ким)은 자신의 박사학위 논문에서 1945-1949년 사이 소비에트 행정부에 제기되었던 일련의 문제들이라는 범위 내에서 전후 상황과 남 사할린으로부터의 한인 송환 문제에 일부분 관심을 보이고 있다[41].

사할린 한인사의 일부 문제들이 '동북아에서 시베리아와 한국'이라는 논문집에서 조명되고 있다. 특히 그 중에서도 헤가이(И.А. Хегай)의 적응 문제에 관한 글[99]과 쿠즈네초프(С.И. Кузнецов)의 1954년 소일전쟁에서의 한인 참전과 송환 문제에 관한 글[65] 등에 주목해 볼 만하다.

불라빈체프(М.Г. Булавинцев)는 '우리시기의 일본'이라는 논문집에 발표된 논문에서 가라후토 시기와 그 이후 시기 사할린 한인들에 관한 문제와 다른 문제들, 즉 한인들을 위한 학교의 부재, 시민권 문제 그리고 이산가족 등을 다루고 있다[18].

비소코프(М.С. Высоков)는 자신의 논문 중 한 편에서 사할린 한인의 송환 문제를 분석하고 있다[19]. 그는 송환 계획이 다른 나라들에서도 이미 수행되었기 때문에 사할린의 한인들에게도 그런 경험을 이용할 수 있는 기회가 존재한다는 점을 실로 합리적으로 지적해주었다.

체르놀루츠카야(Е.Н. Чернолуцкая)는 소비에트 시기 극동에서서의 주민 우주에 관한 광범위한 연구를 진행하면서 1940년 말부터 1950년초까지 사할린 한인들의 노동과 생활 조건에 관한 논문을 발표했다[101]. 벨로노고프(А.А. Белоногов)는 박사학위 논문에서 한인 디아스포라의 정치법률적 지위의 사학사 연구를 진행했다[11]. 셰글로프(В.В. Щеглов)는 전후 사할린과 쿠릴열도에서의 이주라는 연구 범위 내에서 한인들이 그곳으로 이주하게 된 문제들도 다루고 있다[102].

저명한 한국학 학자인 란코프(А.Н. Ланьков)의 '사할린의 한인'[67]이라는 소논문은 충분히 관심을 끌만하다. 그는 이것이 심오한 학술적 연구라고 주장하지 않았지만, 그럼에도 불구하고 한인 공동체 내에 서울 방언이 남아 있다는 점, 사할린 청년 한인들에게는 역사적 모국으로 송환하기 위한 동기가 존재하지 않음에도 불구하고 한국과 폭넓은 관계를 갖고 있다는 점과 같은 중요한 문제들에 관심을 기울이고 있다. 후일 란코프는 사할린 여행을 완수한 뒤 사할린 한인들에 관한 보다 더 심오한 연구를 영어로 집필했다[6].

소연방과 러시아 민속학사의 유명한 연구자인 부가이(Н.Ф. Бугай)는 자신의 연구에서 사할린 한인 문제를 소연방 및 CIS 한인사의 일부로서 종종 다루고 있다. 자신의 유명한 저서인 '러시아 한인과 햇볕 정책'[16] 그리고 '러시아 한인: 역사의 새로운 전환'[15]에서 그는 러시아와 대한민국 간의 외교관계라는 견지에 입각하여 사할린 한인 제1세대들의 송환 과정을 분석하고 있다. 2004년 부가이와 심헌용은 러시아 한인사회조직에 관한 전문서적을 출간했다[17].

사할린 한인 이중징용자회 소속 회원들은 한국, 일본 그리고 사할린에서의 한인 징용사에 관한 자료를 발견하여 수집하기 위해 진지한 시도를 실행했다. 그들은 출간된 연구물 내에 편지, 청원, 러시아어, 한국어 그리고 일본어로 작성된 다양한 문서들을 이용하여 자신의 연구[113]를 보여준 후, 사할린 한인들의 강제징용 역사에 존재하는 수많은 공백들에 대한 자신들의 견해를 표명했다. 이 연구는 사할린 한인들의 권익을 위한 운동이라는 주제에서 중요한 사료로도 이용될 수 있을 것이다. 문서 수집의 주요 작업은 사할린 한인 사회 활동가 전태식과 서진길이 수행하였다.

사진 1. 박현주(1929–1999), "사할린에서 온 소식"의 저자

사진 2. 박수호(1929–2009), "사할린의 한인들"의 저자

사진 3. 박승의(1942년생), 사할린국립대학교 교수, 사할린 한인의 역사 및 문화에 관한 다수 저서의 저자

2. 사할린 한인 약사

사할린의 현대 한인 디아스포라는 사할린 남부가 일본의 통치를 받고 있었던 그 시기에서 시작된다. 1910-1945년 남 사할린과 쿠릴열도는 일본식민제국의 일부였으며, 바로 그것이 한인들의 이주를 위한 전제조건이 되었다. 1945년 얄타협약과 제2차 세계대전에서의 승전에 따라 사할림 남부가 소연방의 통치 하로 이관되었다. 다양한 원인으로 인하여 한인 주민들은 사할린에서 생활하도록 남게 되었으며, 소비에트 체제라는 새로운 조건 속에서 삶을 찾아야 하는 불가피성에 직면하게 되었다. 바로 그들과 그들의 후손들이 사할린 한인 디아스포라의 주체가 되었다.

본 연구 주제의 현실성에도 불구하고(민족 집단과 디아스포라 연구는 러시아와 같은 다민족 국가 내에서 항상 현실성을 지니고 있다), 러시아 역사학계에서는 바로 이 한인 디아스포라의 형성기와 관련하여 이루어진 연구가 미미하다. 사할린 한인에 관한 저서를 최초로 집필한 박수호[5]는 이주에 관한 정보 역시 인용하고 있으나, 자신의 개인적인 기억에 의존하여 자기 관점을 확실하게 주장하지 않고 있다[13, 14] 쿠진은 자신의 일부 연구물에서 사할린 한인사의 소비에트와 러시아 시기에 주로 집중하고 있으며, 남 사할린으로의 이주 시기에 대한 언급은 많지 않다. 다른 러시아 학자들은 사할린 한인사의 상이한 측면들을 연구하면서 1905-1945년 시기에 관한 정보를 주로 박수호와 쿠진의 연구물에서 인용하고 있다.

사할린 한인 디아스포라의 가장 중요한 문제 중 하나는 한국으로부터 가라후토로의 한인 이주 연구, 사할린 한인들이 겪어야 했던 문제들의 제기, 한인 이주가 이루어졌던 그 당시의 역사적 상황에 대한 연구와 이해 등이다. 이 과제를 해결하기 위하여 러시아어, 일본어, 한국어 그리고 영어로 이루어진 다양한 역사 문헌과 자료, 또한 여기에서 묘사된 사건을 직접 경험한 증언자들과의 인터뷰 등이 인용되었으며, 혹은 부모, 친척, 지인들의 회고가 반복될 수 있다.

일본은 러일전쟁에서 패한 러시아가 승전국에게 50도 이하의 사할린 영토를 할양해야만 했던 1905년의 포츠머스 강화조약에 따라 남 사할린을 할양받았다. 일본 정부는 1907년 새로이 획득한 영토에 가라후토 청을 설립했으며, 이 청은 1943년까지 식민지의 지위를 지니고 있었

---

5) 박수호는 사할린 한인 1세대이며, 그 스스로 사할린 한인 디아스포라의 많은 사건을 직접 경험했다.

으나[6], 그 이후부터는 홋카이도 주에 포함되어 본국 영토의 지위를 획득했다. 가라후토 청의 행정 중심지는 도요하라(豊原, 현재의 유즈노사할린스크/Южно-Сахалниск)였다[111, p. 265].

초기에는 남 사할린을 향한 한인들의 이주가 매우 더디게 진행되었다. 1910년 가라후토에는 총 33명의 한인들이 거주하고 있었으며, 5년 후인 1915년에도 그 수에 변화가 없었다. 1920년에 가서야 한인 주민 수가 일부 증가하는 모습을 보여서 당시 한인 수는 513명을 헤아렸다 [108, p.31]

1910년대 말부터 '미츠이 마이닝' 사가 탄광에서의 작업을 위해 가라후토의 남쪽에 있었던 한인들을 고용하기 시작했다[108, p.31]. 이 고용은 다음과 같이 진행되었다. 미츠이 사 소유였던 가와카미(현재의 시네고르스크/Синегорск) 탄광의 운영진은 1917년 조선총독부로부터 한인들을 모집해도 된다는 허락을 받았다. 이후 한국의 신의주에 회사 대표들이 한인 노동자들을 모집하기 시작했다. 계약서는 1.5년 기간으로 체결되었으며, 계약에 따라 교통비도 제공되었다[107, p.165]. 노동자(일본인, 한인, 중국인) 임금은 도요하라(유즈노사할린스크)에서 일당 2.5엔이었으나, 오토마리(코르사코프)에서는 일본인의 일당이 2.5엔이었던 것에 비해 한인들은 1.5엔에 불과했다[108, p.36]. 당시 식민지 한국에서 숙련 노동자의 평균 노임은 월 15~29엔이었기 때문에 재정적 관점에서 보면 이런 노동 조건은 충분히 매력적이었다는 사실을 고려해야 한다[5, p.166]. 대체로 독신인 남자들을 고용하려고 했다.

일본은 1920년 4월부터 1925년 5월까지 1917년의 혁명과 러시아

---

6) 일본제국의 모든 영토는 본토(일본열도 및 다양한 조약에서 일본을 의미하는 도서들을 형성하는 것)와 타이완, 한국, 태평양의 위임령 지역과 가라후토를 포함하는 식민지로 나뉜다. 일본 제국에서 본토와 식민지의 신민들이 지닌 권리는 달랐다.

내전으로 인해 러시아를 점령했던 위기를 이용하여 사할린 북부도 점령했다. 당시 연해주와 북 사할린으로부터 가라후토로 상당한 사람들이 넘어갔다.

1922년 북사할린극동삼림회사로부터 100명이 넘는 한인들이 가라후토로 이주했다. 1923년 연해주와 러시아의 극동으로부터 외국인들을 축출하는 정책 때문에 사할린으로 유입되는 한인들이 재차 목격되었다. 초기에는 한인들이 자신의 가족들을 데리고 함경도에서 연해주로 이주했기 때문에 이 시기의 가라후토에서는 여자와 아기들의 수가 증가되는 모습이 목격되었다[108, p.36].

가라후토의 한인 주민 수 증가는 다음의 표에서 보는 바와 같다.

표 1. 1921-1925년 가라후토 내 한인 주민의 수 [107, p166]

연도	가구수	한인주민 수		
		남성	여성	합계
1921	68	444	23	467
1922	76	577	39	616
1923	117	1,256	207	1,464
1924	170	1,522	305	1,827
1925	380	2,660	873	3,533

표 1에서 보는 바와 같이 1921년부터 1925년까지 유즈노사할린스크에서의 가구의 수와 한인 주민의 수가 크게 증가했다.

1925년 블라디보스토크에 거주하고 있었던 유력한 한인들은 연해주로부터 약 3천 명의 한인들을 가라후토로 이주시켜달라는 요청을 일본 정부에 제출했다. 가라후토 청의 장관은 1,000명의 이주를 허락해주었다. 그러나 실제로 이주한 사람은 562명이었다. 이들은 가족을 데리고 에스토루(惠須取, 현 우글레고르스크/Углегорск)와 시리토리(현

마카로프/Макаров)로 이중하여 그곳에서 일터를 잡고 정주했다.

러시아에서의 정치적 위기가 에스토루, 시리토리 그리고 가라후토의 다른 지역에서 제지산업이 부흥하면서 발생한 노동력 수요의 증가와 일치한다는 점에 주목할 만하다. 러시아로부터의 이주, 탄광에서의 모집, 한국으로부터의 이주 등으로 인해 1920년대 말 가라후토의 한인 수가 확연하게 증가되었다. 아래의 표는 1910-1930년 가라후토 내 주민 수의 변화를 보여준다.

표 2. 가라후토 주민의 인종적 구성. 1910–1930년 [108, с. 30]

민족/년도	1910년	1915년	1920년	1925년	1930년
일본인	28,688	58,449	88,747	183,742	284,198
한 인	33	33	510	3,206	8,301
원주민	2,103	2,066	1,741	1,724	2,164
중국인	25	27	21	203	319
러시아	168	85	115	127	170
기 타	0	0	2	34	44

표 2에서 보는 바와 같이, 총 주민 수가 증가하기는 했으나, 다름 아닌 인종적 한인들이 가장 많이 증가하여 그들의 수가 251배나 증가했다. 여기서 8,301명이라는 한인의 수를 충분히 정확한 것으로 보기는 어렵다. 즉 1930년대 말에 가면 한인의 수가 줄어들면서 남 사할린에는 겨우 5,359명만이 남기 때문이다[107, p.165]. 이런 대규모의 증가는 가라후토의 한인 공동체 중 상당 부분을 예전처럼 계절노동자들이 차지했다는 것으로 설명된다. 그들은 계약 기간이 만료되거나, 삼림이나 어업 분야에서의 계절노동이 종료되면 사할린을 떠났다.

한반도로부터 한인들의 이주사 문제에 보다 더 자세하게 살펴볼 필요가 있다. 가라후토로의 이주 과정은 한인들의 본토 이주와 유사하다. 한국의 남반부는 북반부의 공업지대와 달리 그 당시에도 농업 지역으로 남아 있었기 때문에 일본 회사들은 그 남부에서 노동자들을 모집하기를 선호했다. 가라후토에 정착한 한인들은 그곳으로 가족들을 불렀으며, 심지어 종종 친척들이나 같은 동네 사람들에게 자기를 따라 사할린으로 이주하라고 촉구하기도 했다. 일본 당국은 가로후토로의 이주를 위해 그런 식의 행동들을 장려했다.

처음에는 이주가 완만하게 진행되었는데, 보수적 사회의 전통과 이주에 대한 두려움 때문이었다. 그러나 제1차 세계대전 이후 일본에서는 산업 호황이 일기 시작하면서 유례없는 노동력 수요 현상이 발생했다. 그에 더하여 당시에는 일본인들이 행정직에 임명되거나, 사업에 종사할 수도 있었고 혹은 지주가 될 수도 있었던 한국으로 활발하게 이주하고 있었다. 조선총독부의 지원을 받았던 일본 이주자들은 가장 좋은 토지를 차지할 수 있었는데, 그로 인해 파산한 수많은 한인 지주들에게 남겨진 유일한 출구는 이주였다. 그 결과 일본 각 도서에서의 한인 수가 빠른 속도로 증가했다. 일본의 조선 병탄 직전인 1909년 일본에 거주하던 한인은 총 790명에 불과했으나, 1938년에는 그 수가 거의 80만 명에 달했다[7, p.35-37]. 한인들은 주로 탄광과 저임금 비숙련 노동에 종사했다[7, p. 38].

1938년 일본 열도에 체류 중이던 한인을 출생지에 따라 다음과 같이 나뉜다. 경상남도, 경상북도, 전라남도, 전라북도, 충청남도, 충청북도 출신 - 93.8%, 평안남도, 평안북도 함경남도, 함경북도, 황해도 출신 - 3.4%, 경기도와 강원도 출신 - 2.8%[7, p.36]. 남 사할린의 한인들 역시 대부분 한국 남부의 농업지역 출신들이었다(당시 한국 북부 지역의 한인들은 만주로 이주했다. 한편 만주 역시 1931년부터는 실질적으로 일본의 통제 하에 있었다). 1941년 가라후토의 행정 중심지인 도요하라에 거주 중이던 한인은 출생지에 따라 다음과 같이 구분된다.

표 3. 도요하라(유즈노사할린스크) 한인들의 출생지(1941년)[104, p.217]

출신 도	한인 주민 수	전체 주민 수에 대한 한인 주민의 비율
함경북도	2	0.15
함경남도	1	0.07
평안북도	0	0
평안남도	1	0.07
황 해 도	2	0.15
충청북도	21	1.55
충청남도	95	7.03
전라북도	61	4.52
전라남도	101	7.49
경상북도	433	32.05
경상남도	603	44.63
경 기 도	25	1.85
강 원 도	6	0.44
총	1,351	100

표 3에 제시된 바와 같이 가라후토의 행정 중심지에 거주하고 있던 한인의 수는 일본 본토에서의 그 수치처럼 한국 남부 출신의 사람이 97.3%(1,314명)에 달했다. 도요하라 시에는 총 한반도 북부 4개 도 출신이 겨우 4명에 불과했다. 한국의 중부에 위치한 경기도와 강원도 출신 역시 많지 않아서 2.4%에 33명이었다. 가라후토 한인들 출신의 이런 출신 특징은 후일 사할린 한인 디아스포라사에서 의미 있는 역할[7]을 했다.

---

7) 사할린 주민 대다수의 출신지지가 한국의 남부라는 것이 이루어지지 않은 송환에서 큰 이유가 되었다(대한민국은 소연방의 가장 중요한 사상적 적이었던

가라후토로 이주하는 과정에 큰 영향을 미친 것은 국제 상황과 일본 정부의 대외정책이었다. 1937년의 태평양전쟁이 발발하자 불가피하게 노동 자원을 통제해야만 했다. 1937년 이후 일본 제국의 주민들은 강제 동원의 대상이 되었으며, 그 동원의 속도 역시 급속하게 증가했다. 1939년에 850명이 동원되었으며, 1940년에 311,724명이다가, 1942년에는 623,385명으로 증가했다. 모든 노동자들은 엄격하게 명부에 등록되었으며('직업등록'이라고 불리는 제도가 존재했었다), 무단 이주를 방지하기 위하여 대책('노동자와 직원들의 직장 변경 금지에 관한' 1940년의 칙령 및 '노동력 수요와 공급의 조정에 관한' 1941년의 칙령에서 강화되었다)이 마련되었다. '중요 산업시설에서의 노동 조직에 관한' 칙령은 일일 최대 노동 시간과 최저 임금의 한계를 실질적으로 폐기하는 것으로서, 그 이후부터는 이러한 것들이 정부 관원에 의하여 임의로 규정되었다. 이것은 피할 수 없는 고난 및 생활수준의 하락과 함께 가용 노동 인구의 건강상태 악화와 사망률의 증가로 이어졌다[76, p.194].

1938년에 발효된 '국가 동원령'은 동원의 조건과 조치를 규정한 50개의 조항과 부가조항을 포함하고 되었다. 이 동원령에 부응하여 일본 제국의 신민은 전시법에 따라 상응하는 지역에서 노역과 복무의 의무를 질 수도 있었다. 일본 천황의 1938년 5월 4일자 '조선, 대만, 가라후토에서의 총동원에 관한 법률의 시행'에 관한 칙령 № 316가 1939년 9월부터 식민지 영토에서의 '국가 총동원령'으로 확대되었다[72, p.46-47]. 공식 보고서에 따르면 일본 당국에 의하여 한국에서 일본으로 422,262명이 동원되었다[111, p. 232].

미국의 영향력 하에 있었던 나라로서 1990년까지 소련과는 아무런 외교관계를 지니고 있지 않았다.

이런 조건에 따라 한국에서 동원된 노동자들이 가라후토에도 도착하기 시작했다. 그러나 일본 당국은 이전처럼 자유 모집의 형태로 한인들의 이주를 장려했으나, 실은 친척들이나 알고 지내는 사람들을 통해서 모집했다. 일본의 이런 정책은 1942년 2월 이른바 '노동의 의무'의 시행에 관한 성명이 발표된 이후에도 지속되었다. 한국에서 가라후토로 강제 동원된 한인들의 총 수는 다음의 표에서 찾아볼 수 있다.

표 4. 1939-1945년 가라후토 내 산업시설에서의 작업을 위해 강제 동원된 한인의 수[107, p.168]

모집 연도	예정 동원 수	실제 동원 수
1939	0	3,301
1940	8,500	2,605
1941	1,200	1,451
1942	6,500	5,945
1943	3,300	2,811
1944	0	0
1945	0	0
계	19,500	16,113

여기서 주의를 기울여야 할 것은 사할린 탄부들의 임금이 기본적으로 도요하라 시 은행 우편과의 저축예금으로 입금되었다는 사실이다. 입금 기록이 남은 장부들이 전쟁 중에 일부는 망실되었으며, 일부는 적군의 전리품으로 노획되었다. 전후 사할린 한인들은 일본 정부로부터 자신의 적립금음을 받을 수 없었으며, 현재까지도 이 문제는 공평하게 해결해야 되어야 할 사안이다.[8]

가라후토 청로 한인 주민들이 이주한 그림은 대체로 이렇게 형성되

---

8) ГИАСО Ф. 1038 оц. Оп. 1. Д. 104. Л. 14.

었다. 문서 자료뿐만 아니라 노임을 위해서 혹은 노동 동원의 범주 내에서 남 사할린으로 온 사람들의 인터뷰나 회고록 같은 구술 자료들 모두 다 중요하다.

1944년 말 가라후토의 전체 인구는 382,713명(이중 남자 195,794명, 여자 186,919명)이었다. 그 외에도 홋카이도에서 어업이나 삼림업 등에 종사하는 계절노동자들이 매년 1만8천 명에서 2만5천 명 사이로 가라후토를 방문했다.[9]

1931-1944년 가라후토에서 한인 주민 수의 변화를 정리하면 아래의 표와 같다.

표 5. 1931-1944년 가라후토 청의 한인 수[107, p.165]

연도	가구 수	한인 수		
		남자	여자	총계
1931	1,230	3,919	1,961	5,880
1932	1,166	3,215	1,572	4,787
1933	1,201	3,354	1,689	5,043
1934	1,233	3,825	2,053	5,878
1935	1,403	4,521	2,532	7,053
1936	1,446	4,231	2,373	6,604
1937	1,416	4,153	2,439	6,592
1938	1,526	4,803	2,822	7,625
1939	2,149	5,915	3,081	8,996
1940	2,391	11,661	4,395	16,056
1941	2,883	13,603	6,165	19,768
1942	–	–	–	–
1943(3월)	–	15,544	5,689	21,223

---

9) РГАСПИ. Ф. 17. Оп. 122. Д. 92. Л. 2.

연도	가구 수	한인 수		
		남자	여자	총계
1943	3,827	18,213	7,552	25,765
1944	–	–	–	26,825

위 표 5에서 볼 수 있는 바와 같이 가라후토 내 한인 수는 일정하게 증가했으며, 1944년이 되면 거의 2만7천 명에 달했다.

제2차 세계대전 종전 직전 일본 국내 사정으로 인하여 1944년 8월 11일 일본 정부는 '가라후토와 구시로(釧路) 탄광근로자, 자재 등의 급속한 전환 배치에 관한' 결정이 채택되었다. 이런 결정으로 인해 가라후토의 서해안에 위치한 26개 중 14개의 탄광이 폐쇄되었으며, 폐광된 곳에서 일하던 일본인과 한인 노동자들은 일본 열도로 전환 배치되었다. 그들 중 한인은 3천 명이었다.[10]

전환 배치의 주된 원인은 재정적 곤란과 운송문제였다. 러시아 역사 학계에서 '이중징용(повторная вербовка - 역주)'으로 불리는 전환 배치의 조건은 매우 가혹했다. 8월 19일로 잡혀 있던 출발일 3일 전에 노동자들에게 전환 배치를 통보해 주었다. 일본 탄광에서의 노동 조건은 가라후토에서의 그것보다 훨씬 더 열악하여, 몇 차례나 사망 사고가 발생했다. '이중징용'의 주된 결과는 가라후토에 남아 있는 가족들과의 이산이었다. 이중징용된 사람들 중 일부는 1945년 전쟁이 종결된 후 가라후토로 되돌아 갈 수 있었으나, 대부분을 군사행동과 정보 부족으로 인하여 귀환할 수 없었다. 가라후토로 되돌아온 사람들은 일본 탄광에서의 가장 혹독한 노동으로 인해 이른 나이에 사망했다[106, p.72-73].

표 6을 통해 한인 노동자들이 징용된 가라후토 내의 탄광, 징용된

---

10) РГАСПИ. Ф. 17. Оп. 122. Д. 92. Л. 2.

수 그리고 '이중징용'에 처해진 사람들이 노동했던 탄광 등을 추적할 수 있다. 그 탄광들은 일본 열도의 가장 남쪽 섬인 규슈에 위치해 있다.

표 6. 1944년 8월 일본으로 이중징용 된 한인의 수[109, p.25]

노동자들이 징용된 가라후토의 탄광/탄광 소유 회사	징용된 한인 노동자(비노동자) 수 – 일본 내 탄광 소재지/탄광 소유 회사	이주 지역
카미토로/가네후치코교 (현재의 샤쵸르스크[Шахтерск] 시 지역)	180-카호/가호코교	규슈
시라토리자바/가라후토코교 (마카로프스키[Макаровский] 지역)	315-히라야마/메이지코교	규슈
모로츠/모로츠탄교 (례소고르스키[Лесогорский] 지역)	50-우에다/우에다 나가이치	조반 시
미츠후쿠/사타케 키이치로	20-우에다/우에다 나가이치	조반 시
나요시/난 가라후토 코교(례소고르스크 시)	215-모쿠비/후루가와코교	규슈
도요하타/도요하타 탄코	70-세키모토/세킴보토탄코	조반 시
도요하타/도요하타 탄코	70-야마이치/야마이치탄코	조반 시
코난/도아코교	130-오다/호쵸탄코	조반 시
키타 오자와/난 라라후토 세키탄테츠도	410-타카토리/미츠비시코교	규슈
니시사쿠탄/미츠이 코잔 (보시냐코보[Бошняково] 촌)	370-야마노/미츠이코잔	규슈
암베츠/니테츠코교 (네벨스크[Невельск] 시 지역)	130-푸타세/니테츠코교	규슈
토로/난 가라후토 세키탄테츠도 (샤툐르스크[Шахтерск] 시)	520-사키토/미츠비시코교	규슈
이히라/가라후토코교	130-오토리/오토리탄코	규슈
오히라/가라후토코교	390-다타마츠/니폰코교	규슈
계	3,100	

표 6에서 볼 수 있는 바와 같이 '이중징용'에 처해진 한인은 3,100명이었으나, 귀환이 공식적으로 이루어지지 않았기 때문에 사할린의 가족에게 돌아온 이들은 극히 적었다. 이 노동자들은 전쟁 이후 일본에서 사할린 한인 송환 운동을 주도했다.

일본의 주된 동맹국이었던 히틀러의 독일이 1945년 5월에 패망한 후 일본의 상황은 비관적이 되었다. 소연방의 8월 8일자 선전포고, 8월 6일과 9일 히로시마와 나가사키에 대한 원폭 투하는 전쟁을 지속할 수 없다는 사실을 일본 정부에 입증해주었다. 이런 상황 속에서 8월 15일 라디오를 통해 히로히토(裕仁) 일왕이 포츠담 선언의 조건을 받아들인다는 칙령이 전달되었다. 1945년 9월 2일 일본 정부의 대표들은 미국의 항공모함 '미주리(Missouri)'호 선상에서 '무조건 항복에 관한 조항'에 조인했으며, 이로써 제2차 세계대전이 종결되었다.

전쟁이 시작되자 가라후토의 일본 관리청은 가라후토 남쪽 지역, 그중에서도 주로 오토마리(코르사코프[Корсаков]) 시, 루다카(아니바[Анива]), 혼토(네벨스크) 등지로부터 일반 주민(여자와 아이들)들을 부분 소개했는데, 그 수가 4만 명에 달했다.[11] 소개된 사람들 중에는 한인들이 있었음에 의심할 바 없으나, 한인의 수를 계산한다는 것은 불가능하다.

반 히틀러 동맹의 연합국들 간에 합의된 조건에 따라 소연방에게 사할린 남부와 쿠릴열도를 양도한다는 결정이 내려졌다. 1945년 8월 11일에 시작된 남사할린과 쿠릴 상륙작전으로 소련은 8월 26일에 가라후토와 치시마(千島)를 완전 점령할 수 있었다. 1947년 이 지역은 북 사할린과 함께 합병되어 러시아 소비에트연방 사회주의 공화국을 구성하는 사할린 주를 형성했다.

적군이 사할린 남부로 진군해 들어갈 당시 그곳의 인구는 약 37만 명에 달했다. 오토마리와 도요하라에는 피난민이 약 3만 명이 넘었으며, 그들 중 일부는 산으로 도망쳤다. 피난민은 총 6만4천 명을 헤아렸다. 사할린 남부에 있던 한인들은 23,498명이었는데, 그들 중 15,356명

---

11) РГАСПИ. Ф. 17. Оп. 122. Д. 92. Л. 2.

이 남성, 8,142명이 여성이었다.[12]

사할린 한인 디아스포라의 역사에서 중요한 의미를 지니고 있었던 시기가 이렇게 종결되었다. 일본 식민제국 속한 가라후토 청으로 이주한 한인은 주로 한국 남쪽 출신이었다. 주된 이주는 두 개의 중요한 형태로 이루어졌다. 즉 가라후토의 산업체에서 일하기 위해 한인들이 직접 도래한 한인(한국과 비교했을 때 가라후토의 임금이 보다 더 많았다)과 전시동원법에 따라 강제 이주된 한인이었다. 제2차 세계대전의 종전 결과로서 남 사할린과 쿠릴열도가 소연방에 양도된 후 이런 노동 이주자와 강제동원 된 노동자들은 사할린 한인 디아스포라의 핵심적 구성원 되었다.

제2차 세계대전의 결과 남 사할린과 쿠릴열도가 소연방의 구성에 포함되었으며, 한반도에는 두 개의 독립된 국가, 이북의 조선민주주의인민공화국과 이남의 대한민국이 형성되었다. 이런 정치적 상황의 변화는 사할린 한인 공동체의 운명을 위해 적지 않은 의미를 지니고 있었다. 바로 이 변화가 본 글의 주된 주제이다.

1946년 소비에트 행정부가 실행한 주민 등록에 따르면 그 당시 사할린의 한인은 24,774명에 달했다.[13]

1946~1949년 한인 공동체의 구성원이 노동 계약에 따라 노동을 목적으로 북한에서 사할린으로 입도한 노동자들로 인해 증가되었다. 북한 노동자들은 어업, 탄광 그리고 삼림업에 종사하기 위해 입도했다. 1946년부터 1949년까지 북한에서 사할린으로 26,065명이 입도했으며, 노동 계약이 만료되어 귀국한 사람은 14,393명이었다.[14] 우리가 확

---

12) РГАСПИ. Ф. 17. Оп. 122. Д. 92. Л. 2
13) ГИАСО. Ф. 171. Оп. 3. Д. 6. Л. 45.
14) ГИАСО. Ф. 53. Оп. 1. Д. 109.Л.27.

인하는 바와 같이 결과적으로 약 11,5000명 정도의 북한 출신 사람들이 사할린에 잔류했다. 그 이후 그들을 꾸준히 본국으로 귀국시킴으로써 1962년이 되면 사할린에 남은 북한 출신 사람이 3,851명이다(가족 구성원 포함).[15] 그 무렵 북한 출신 사람 중 715명이 소비에트 국적을 취득했다.[16]

그 외에도 1960년대에 교육과 직업을 목적으로 일부 한인들(1945년 이전에 사할린에 입도한 사람들의 자녀들)이 북한으로 향했다. 1945-1950년 당의 노선에 따라 현지 주민들을 상대로 업무에 임하기 위해 전후 사할린으로 이주된 중앙아시아의 공화국 출신의 한인들 역시 사할린 한인 디아스포라의 일부가 되었다.

소연의 사법권 하에서 사할린으로 이주할 당시 소비에트 행정부는 많은 문제에 직면했다. 그중 중요한 것은 사할린에 남은 일본 주민을 본국으로 송환시키는 것이었다. 송환은 1946-1948년 내내 진행되어, 280,638명이 일본으로 송환되었다[1, p.258]. 사할린의 한인 주민들이 한반도의 남쪽으로의 송환(사할린 한인의 대다수가 현 대한민국의 출신자들이다)을 기대하고 있었음에도 불구하고 소비에트 정부에 의하여 한인들의 송환은 이루어지지 않았다. 아마도 가장 큰 원인은 제2차 세계대전 종전 직후 실질적으로 시작된 소련과 미국 간의 냉전이었을 것이다. 그런 이유에서 소연방은 미합중국의 영향력 하에 있었던 한국과 외교관계를 수립하지 않았다.

남 사할린 주(쿠릴열도 포함)의 모든 주민은 1946년 7월 1일자로 305,800명을 헤아렸으며, 민족 구성으로 보면 일본인 277,649명, 한인

---

15) ГИАСО. Ф. П-4. Оп. 63. Д. 1. Л. 5.
16) ГИАСО. Ф. П-4. Оп. 63. Д. 1. Л. 5.

27,098명[17], 아이누 족 406명, 오로크(울타[Ульта]) 족 288명, 에벤키 족 81명, 니브히 족 24명, 나나이 족 11명, 중국인 103, 폴란드인 27명, 러시아 정착민 97명, 기타 16명이었다.[18]

제2차 세계대전의 종전 이후 반 파시스트 연합국은 자신들의 통제 하에 있는 영토로부터의 주민 송환이라는 문제에 직면했다. 사할린과 칼리닌그라드 주를 획득한 소연방은 일본과 독일 주민을 각각 일본과 독일로 송환했다.

1945년 9월 2일 승전국 면전에서 항복문서에 조인한 후 국가 주권을 점유하지 않았으며, 정부와 일왕은 1952년 샌프란시스코 강화조약이 체결되는 순간까지 연합국 총사령관에게 복속되었다. 1951년까지 이런 더글라스 맥아더가 그리고 1951-1952년까지는 매슈 리지에위(Matthew Bunker Ridgway)가 그 직위를 점유했다. 바로 연합군 최고사령부(이후 SCAP)가 일본과 한반도 남부를 포함하는 동아시아에서의 미국 점령지와 관련된 모든 결정을 내리는 곳이었다.

미국과 소련의 대표자들은 획득된 영토로부터 주민을 송환한다는 현존하는 국제협약을 이행하기 위하여 몇 차례의 만남을 가졌다(1945년 13회의 만남이 있었으나, 1946년에는 단 1회 그리고 1947년부터는 이미 만남이 없어졌다).[19] 이 회담에서 직접적으로 일본과 한인 주민들의 이익이 직접적으로 언급되었음에도 불구하고 일본과 한국의 북측이나 남측 대표 모두 초대되지 않았다. 이 나라의 영토가 미국과 소련의

---

17) 가라후토의 한인 주민에 대한 수치가 문서마다 다양한 것은 전후 첫 시기 사할린에서의 전반적인 혼돈을 반영하고 있다. 이 수치의 일부는 일본의 공식 문서에서 유래한 것이며, 또 다른 일부는 남사할린과 쿠릴열도 민정의 눈에 비쳐진 것이다.

18) ГИАСО. Ф. 171. Оп. 3. Д. 5. Л. 9-10.

19) ГА РФ. Ф. Р-9526. Оп. 1. Д. 509. Л. 123.

통제 항에 있었던 만큼, 미·소 두 열강이 송환을 포함하는 모든 국제적 문제를 해결했었다. 일본 정부는 송환 이행에 따른 모든 경비를 감당했으나, 결정을 내리는 자리에는 참석하지 않았다. (사할린과 쿠릴 열도로부터의 한인 주민 송환을 포함하는)송환 문제에 대한 일본 또는 한국 당국의 입장이 어떠했던들, 그런 입장을 표명하고 승전국 열강의 최종 결정에 영향을 줄 수 있는 그 어떤 가능성도 제공되지 않았던 것으로 보인다.

1946년 12월 19일 체결된, 소연방의 통제를 받는 지역으로부터의 송환에 관한 미소협약에 따라 일본의 모든 전쟁포로와 일반 시민(이들은 본의의 의지에 따랐다)이 일본으로의 송환 대상이 되었다. 한국 북부 출신의 한인 1만 명이 일본의 영토로부터 소연방의 감독 하에 있는 영토로의 송환 대상이 되었다[31, p. 401-404].

언급할 필요가 있는 사실은, 만약 일본 주민의 송환이 성공적으로 이루어졌다면, 계획되어 있었던 한인 1만 명의 이송은 선박이 출항할 그 시점에 집합 장소에 겨우 230명만 모였다는 이유에서 실행되지 않았다. 소비에트 군 지휘부는 연합군 총사령부에 몇 가지 사항을 문의한 후, "외무부의 지시에 따라 송환이 무기한 연기되었다"[20]는 결정을 내렸다.

남부 사할린 지역과 쿠릴 열도에서 일본인의 본국 송환 과정과 절차의 일부 특징은 사할린 주의 한인 송환에도 영향을 미치기 때문에 더 자세히 연구할 필요가 있다.

크류코프(Д.Н. Крюков)의 지휘하의 민사 관할청은 일본 민족에 속하는 이들을 마오카에 있는 수용소 №379에 집결시켜야만 했으며, 그곳에서 미국이 제공한 선박(선박과 승조원은 일본인들이었다)을 이

---

20) ГАРФ. Ф. Р-9526. Оп. 1. Д. 509. Л. 36, 110.

용하여 송환자들을 홋카이도로 이송했다. 소연방 각료회의의 규정에 따라 민사 관할청은 매달 3만 명의 일본인들을 마오카(Маока)로 이송해야 했다(12월부터 3월까지는 항해 조건이 적당하지 못해 송환이 이루어지지 않았다). 송환은 1946년부터 시작되었으며, 사할린에 남기를 원한다는 개인적 청원을 제출한 이들을 제외한 모든 일본인들이 1949년 6월까지 사할린 주로부터 송환되었다. 총 272,335명의 민간인과 8,303명의 일본인 전쟁포로가 송환되었다[40, p.26-30].

일본인들의 송환이 대체로 성공적으로 그것도 단 기간 내에 이루어졌음에도 불구하고 송환이 이루어질 당시에 많은 문제들이 발생했다. 극동군관구의 1947년 6월 19일자 "남 사할린 영토로부터 일본 시민의 송환 문제 및 마오카의 №379 수용소로의 인원 집결에서의 장애와 관련하여 사할린 주 집행위원회가 해결한 문제에 관하여"[21]라는 단신은 다음과 같이 통보하고 있다. 군사령부는 매달 일본인 3만 명을 №379 수용소에 반드시 집결시켜야만 한다는 사실을 1946-1947년 동안 크류코프(간혹 당 사할린 집행위원회 비서인 멜니크/Мельник)에게 지속적으로 상기시켜주었다. 그러나 사할린 주 집행위원회는 송환 계획의 실패에 대한 책임을 집행위원회와 크류코프 개인에게 지우겠다고 위협했음에도 불구하고 군관구 사령부의 명령을 실행하지 않았다.[22] 특히 민간 당국은 우글레고르스키(Углегорский)와 레소고르스키(Лесогорский)로부터 사람들을 먼저 이주시킬 것을 제안한 후 철도 근처에 살았던 일본인들을 송환을 단호하게 거부했는데, 이것이 송환 과정을 함대와 기상 조건에 의존하도록 만들었다.[23]

---

21) ГАРФ. Ф. Р-9526. Оп. 1. Д. 509. Л. 167–169.
22) ГАРФ. Ф. Р-9526. Оп. 1. Д. 510. Л. 54.
23) ГАРФ. Ф. Р-9526. Оп. 1. Д. 509. Л. 50, 111–112.

크류코프는 1947년 3월 27일 개인 대담에서 자신은 "일본인의 송환에 관해 정부로부터 받은 어떤 명령도 없으며, 일본인들을 수용소로 보내지 않을 것"[24]이라고 언급했다. 1947년 4월 크류코프는 정부로부터의 명령이 없었다는 것으로 자신의 지시에 동기를 부여하여 일본인들을 №379 수용소에 집결시키지 못하도록 했다. 이로 인해 극동군관구 사령관 알렉산드로프(Александров) 육군 중장은 부총리에게 소연방 각료회의의 규정을 정확하게 이행하기 위한 지시를 즉각 하달해 달라고 부탁해야만 했다.[25] 그 외에도 크류코프는 송환 대상자들의 수용소로 집결시키는 문제를 그 자신이 담당하도록 만드는, 정부 결정의 사본이 없다고 말했다.[26]

크류코프는 일본 주민들이 종사하던 생산 분야에서 그들을 분리시키면 국가의 산업 및 농업 계획을 실행할 수 없기 때문에 자신이 그렇게 행동하는 것이라고 했다. 그는 계획된 과업이 실패하지 않도록 매달 송환될 사람들의 수를 3만 명에서 1만 명으로 줄일 것을 제안했다. 군사령부는 만약 그렇게 할 경우 전쟁포로의 송환 인원수를 2만 명에서 4만 명으로 늘려야하는데, "전쟁포로는 인민 경제의 일터에서 2-3명의 일하지 않는 가족을 데리고 있는 한 명의 민간인에 비해 더 유용한 조직된 노동력"이라는 이유를 들어 그런 문제 해결 방식을 받아들일 수 없다고 답했다.[27]

달리 표현하면 남 사할린과 쿠릴열도의 민간 당국과 크류코프는 노동력 부족을 심각하게 우려하고 있었기 때문에, 일본 주민의 송환에 가

---

24) ГАРФ. Ф. Р-9526. Оп. 1. Д. 510. Л. 24.
25) ГАРФ. Ф. Р-9526. Оп. 1. Д. 509. Л. 26.
26) ГАРФ. Ф. Р-9526. Оп. 1. Д. 510. Л. 55.
27) ГАРФ. Ф. Р-9526. Оп. 1. Д. 509. Л. 168–169.

능한 한 반대했던 것이다.

1947년 6월 10일 시점으로 사할린에서 송환된 일본 주민은 77,076명이었으며, 계획에 따르면 그 해에 179,892명, 그리고 1948년에는 16,213명의 일본인을 송환했어야만 했다.[28] 그러나 그 당시 러시아인 이주 가족은 총 4,010명에 불과했다(어업분야 종사자 3,001명과 농업분야 종사자 1,009명)[41, p.69]. 계획에 따르면 소연방 각료회의 산하 이주국은 1947년 후반기부터 1948년 초까지 농민과 어민 2,500 가족 [41, p.76], 1949년에는 추가로 1,700가족을 이주시켜야만 했었으나, 그것으로는 확연히 부족했다. 사할린을 벗어나는 사람들의 수와 그들을 대신해서 이주해 오는 소비에트 주민 수 사이의 엄청난 차이는 남사할린과 쿠릴열도의 민정청과 크류코프의 경고를 이해할 수 있게 해 주었다.

사할린에서의 심각한 노동력 부족을 해결하기 위해 1948년 소연방 각료회의는 극히 비상식적인 대책을 마련했다. 3월에 '쿨루(Кулу),' '노보시비르스크(Новосибирск),' 그리고 '카피탄 스미르노프(Капитан Смирнов)' 등 세 척의 기선이 어업 분야에 종사할 13,500명의 북한 노동자(이 중 7,000명은 부양가족)를 긴급하게 사할린으로 이송하기 위해 등록을 하지도 않고 서둘러 북한으로 향했다.[29]

결국 크류코프는 송환이 산업 및 농업 경제 계획에 상당한 손실을 가져다준다고 사실로 나라의 지도부를 설득한 것이며, 처음에는 각료회의 부의장 베리야(Л.П. Берия)와 대외무역 장관 미코얀(А.И. Микоян)이 크류코프를 지지하여, 생산에 종사 중인 일본인들을 해직시키

---

28) ГАРФ. Ф. Р-9526. Оп. 1. Д. 509. Л. 168–169.
29) ГАРФ. Ф. 5446сч. Оп. 50а. Д. 5783. Л. 2, 4, 8.

지 못하도록 했으며,[30] 나중에는 소연방 각료회의 의장 코시긴(А.Н. К осыгин)도 그를 지지했다.[31] 그럼에도 불구하고 일본 주민의 송환은 앞에서 언급된 바와 같이 1949년 중반에 완료되었다. 그러나 이런 상황 은 그 당시 사할린 주의 산업 분야에서 얼마나 노동력이 부족했었는지 를 잘 보여주고 있다.

그러나 사할린과 쿠릴 열도에는 일본 주민 이외에 한인 주민도 있었 으며, 이들의 송환 문제 역시 하나의 의제가 되었다. 그러나 사할린 한 인 문제는 앞에서 언급한 송환에 관한 미소 협약에 포함되지 않았기 때 문에 개별적인 해결이 필요했다.

1947년 6월 19일 외무장관 몰로토프(В.М. Молотов)에게 발송된 암호전문에는 남 사할린에 23,298명의 한인이 있는 것으로 간주되는데 "누구도 이들의 송환에 관해 명령을 하달하지 않았다."는 사실이 지적 되어 있다. 그럼에도 불구하고 한인들이 실로 명확하게 송환 의사를 이 밝혔기 때문에 그 문제를 해결해야 할 필요가 있었다.

예를 들어 몰로토프에게 발송된 1947년 10월 7일자 조회서에는 "이 한인들이 한국으로 송환해 달라고 수차례에 걸쳐 지역 소비에트 기 관과 소비에트 군사령부에 요청했습니다. 동년 4월 23일 남 사할린 한 인 김전영(Ким Ден Ен. 한국어와 러시아어의 차이로 인해 정확한 한 국식 이름이 무엇인지 알 수 없다 - 역주)이 스탈린에게 유사한 요청을 했습니다. 김전영이 스탈린에게 발송한 서한과 관련하여 말리크(Малик) 은 금년에 한인들을 한국으로 송환하는 문제와 관련된 해당 부서에 문 의했습니다."[32]

---

30) ГАРФ. Ф. Р-9526. Оп. 1. Д. 510. Л. 24.
31) ГАРФ. Ф. Р-9526. Оп. 1. Д. 509. Л. 233.
32) РГАСПИ. Ф. 82. Оп. 2. Д. 1264. Л. 1–2.

    1946년 사할린 당국은 "한인들은 다른 이들보다 더 형편없이 처신하고 있습니다. 그들은 일을 거부하고 있으며, 두 차례에 걸쳐 군중집회를 가져 한국으로 보내달라고 요구하고 있습니다."라는 내용을 모스크바에 보고했다.[33]

    극동 군관구의 과장 라스포핀(Распопин) 대령은 1947년 한 해에만 수차례에 걸쳐 남 사할린을 떠나고 싶어 하는 한인들의 성향에 관해 보고하면서, 일본인들의 송환을 목격한 한인들은 늦춰지는 것을 특히 고통스럽게 받아들이고 있다고 강조했다.[34]

    이 문제는 국제적인 범위의 것이 되었다. 1947년 9월 27일 타스(ТАСС) 통신은 상하이에서 다음과 같이 보고했다. "현지 언론은 Associated Press 사가 서울에서 통보한 다음과 같은 내용의 기사를 게재했습니다. 즉 위조 서류로 러시아 사람들을 속여 사할린에서 탈주한 21세의 한인은 러시아인들이 한국에는 아직 정부가 없다는 이유를 들어 4만 명에 달하는 사할린 한인들의 송환을 거부하고 있다고 언급했습니다. 사할린에 거주하고 있는 한인 중 95%는 모국으로 돌아가고 싶어 합니다. 그러나 소비에트 육군을 상대로 한 한인들의 송환 요청은 무관심하게 방치되어 있습니다."[35]

    이런 상황으로 인해 1947년 12월 3일 골리코프(Ф.И. Голиков) 육군대장은 다음과 같은 내용을 보고했다. "정확한 자료에 따르면 남 사할린에는 23,298명의 한인들이 거주하고 있으며, 이들은 일본인 송환을 위해 조치가 취해지는 것을 보고 자신들을 모국으로 보내달라는 문제를 강력하게 제기하고 있습니다. 저는 1948년 후반기에 위에 언급된

33) ГИАСО. Ф. 171. Оп. 3. Д. 7. Л. 122.
34) ГАРФ. Ф.Р-9526. Оп. 4. Д. 54. Л. 416; РГАСПИ. Ф. 17. Оп. 122. Д. 92. Л. 2.
35) РГАСПИ. Ф. 82. Оп. 2. Д. 1264. Л. 4.

한인들 모두를 북한으로 송환하는 게 가능하다고 생각하고 있으며, 이 문제로 남 사할린 주 집행위원회 대표 및 25군 참모부(북한) 그리고 함대의 동의를 얻었습니다."[36]

그해 12월 27일 극동주재 군사령부는 재차 남 사할린의 한인들을 송환하는 것에 관한 정부의 지시를 문의했다. 이 문의에는 다음과 같은 정보가 담겨있다. "1948년에 송환시키는 전반적 준비와 관련하여 몰로토프는 한인 송환 가능성에 관한 문제에 직면했으며, 정부의 결정 안(1947년 12월 8일 №05118)이 제출되었습니다. 우리는 사전에 이 안에 동의했습니다. 금년 10월 29일 크류코프의 의견을 문의한 바, 그는 1948년 후반에 한인들을 송환하는 것이 합목적적이라는 내용의 답변을 통보해 주었습니다(금년 11월 6일 №78/cy). 우리의 1947년 11월 14일자 №33op 문의에 대해 하절기에 한인들의 송환과 이주가 가능하다는 (연해주 군관구 부사령관)니콜라예프(Николаев) 동지의 답변을 받았습니다. 함대는 우리의 문의 사항에 대해 1948년 후반부에나 한인들의 이송이 보장될 수 있을 것이라고 통보해 주었습니다. 골리코프 육군대장은 정부 결정 안을 제출하면서, 1948년 후반에 한인 송환이 가능하다는 자신의 의견이 몰로토프에게 발송된 서한 안에 명시했습니다. 이런 결정은 옳은 것인바, 23,000명의 한인들을 노동력으로 묶어두는 것은 우리에게 영향을 주는 것이 아니기 때문에 북한으로 되돌려 보내는 것이 전적으로 합목적적입니다."[37] 이 보고서에는 소연방 각료회의의 결정 안이 첨부되어 있었다.

이 문서는 당시 소련 당국이 원칙적으로 송환을 단순히 지지한 것이 아니라, 구체적으로 송환 준비를 하고 있었다는 사실을 보여준다. 그러

---

36) ГАРФ. Ф. Р-9526. Оп. 5. Д. 53. Л. 13.
37) ГАРФ. Ф. Р-9526. Оп. 4. Д. 54. Л. 416.

나 이 송환 안은 최종 서명을 받지 못했다. 군 사령부의 문의 및 계획안과 동시에 남 사할린의 민사 관할청은 정부와 왕복문서를 주고받았으며, 이 왕복문서는 왜 계획된 송환이 이루어지지 않았는지를 설명해준다.

11월 17/18일 러시아공화국 각료회의 부의장 그리첸코(Гриценко)는 소연방 시민 송환업무에 관한 소연방 각료회의 전권 골리코프(Ф.И. Голиков)에게 사할린 주 집행위원회의 보고서에 관해 통보해주었다. 이 보고서는 남 사할린에 112,480명의 일본인들과 계획에 따라 1948년에 송환되어질 23,298명의 한인들이 남아 있다는 사실을 통보해주는 것이었다. 그러나 "남 사할린의 기업들을 위해 1947년 8월 28일자 소연방 각료회의의 결정 №3014에 의하여 규정된 노동력의 수입은 1948년 내내 이루어질 것이며, 1948년 전반기에 예정된 일본인과 한인의 송환으로 공장 운영이 중단될 수도 있는바, 주 집행위원회는 한인의 송환을 1948년 말까지 연기해 줄 것을 요청했다. 러시아공화국 각료회의는 사할린 주 집행위원회의 요청에 동의하는 것이 합목적적이라고 판단했다."[38]

1948년 1월 4일 외무부 차관 말리크는 차다예프(Я.У. Чадаев)에게 다음과 같은 내용을 전달해 주었다. "크류코프는 한국 출신이라고 주장하는 한인 집단으로부터 자신들을 한국으로 송환해 달라고 요청하는 몇 통의 청원서를 접수했다는 사실을 남 사할린으로부터 통보해주었습니다. 이 청원에 기초하여 남 사할린에 살고 있는 23,000명의 모든 한인들이 한국으로 송환되기를 바라고 있다는 결론을 내려선 안 됩니다. 크류코프 동지도 그런 자료는 가지고 있지 않으며, 최소한 일본인들의 송환이 완결될 때까지 외견상으로는 남 사할린으로부터 한인들의

---

38) ГАРФ. Ф. Р-9526. Оп. 5. Д. 53. Л. 14.

강제 이주 필요성 또한 아직까지 존재하지 않습니다. 그에 더하여 남 사할린으로부터 일본인들을 송환시킴에 다라 남 사할린의 산업과 어업은 심각한 노동력 부족을 절감하고 있습니다. 한인들의 송환은 그런 문제를 더욱 첨예하게 만들 것입니다.

위와 같은 내용에 근거하여 소연방 외무부는 1948년에 남 사할린으로부터의 대규모 한인 송환을 수행할 필요가 없다고 판단했습니다.

개별 한인들의 출국에 관한 청원에 대해 말씀드리면, 일반적 차원에서 이 청원들을 검토하여 청원을 제출한 사람들에 따라 개별적으로 문제를 해결할 필요가 있습니다."[39]

이 보고서를 통해서 크류코프가 한인 주민들의 송환을 어떻게든 막으려고 했으며, 자신의 입장을 정당화시키려고 다양한 그리고 그 중에서는 확연하게 사실과 동떨어진 근거를 인용했다는 점을 알 수 있다. 군 사령부도 수차례에 걸쳐 보고를 올렸던 한인들의 송환 분위기는 어떤 명확한 원인도 없이 순식간에 사라질 수도 있다는 의구심을 불러일으켰다. 크류코프가 이렇게 행동한 원인은 일본인들을 송환할 경우 사할린이 겪게 될 노동력 부족 때문이었다.

결과적으로 크류코프와 그를 지지하던 현지 통치자들은 자신의 뜻을 달성했다. 즉 러시아 공화국 각료회의와 소연방 국방부는 남 사할린의 기업체들에서 형성되고 있는 노동력 보장이라는 긴박한 상황으로 인해 1948년까지 사할린으로부터의 한인 송환 이행이 합목적적이지 않다는 사실을 통보했다. 말리크는 자신의 보고서에서 러시아 공화국 각료회의와 소연방 국방부장관의 의견에 동의하여 남 사할린으로부터 한인들의 송환을 늦추자고 몰로토프에게 요청했다. 몰로토프는 이 보

---

39) ГАРФ. Ф. Р-9526. Оп. 5. Д. 53. Л. 16.

고서에 다음과 같은 결정 사항을 기재해 넣었다. 즉 "반대하지 않음(그에 더해 사할린에 체류하도록 한인들이 물질적으로 관심을 갖게 하도록 경제기관에 언급해 둘 필요가 있다."[40]

이런 결정에 상응하는 지시가 러시아 공화국 각료회의와 사할린 주 집행위원회에 하달되었다. 그 외에도 사할린 내 기업에서 일하는 한인들을 붙잡아 두기 위한 가능한 대책들과 관련하여 차다예프가 제출한 질문에 대해, 법적 측면에서 사할린에 거주하는 한인 노동자들을 소비에트 노동자들과 동일시해야 한다고 통보했다. 또한 소연방 각료회의는 한인 노동자들에게 러시아 노동자들과 동등한 임금, 식료품과 공산품 제공, 심지어 러시아 노동자들에게 지급하는 빵을 대신하여 노동자 1인당 500그램, 그 가족에게 1인당 300그램이라는 규정에 따라 쌀을 지급하라는 №3014의 결정을 내렸다.[41]

위에 언급된 사할린 한인 주민의 북한 송환 계획은 소연방과 미국 간의 협약에서 사할린 한인들에 관한 언급이 이상하게도 빠져 있었음을 설명해준다. 미국도 그리고 미국의 신탁통치를 받고 있었던 나라(일본과 한국)도 송환에 참석하지 않았다. 애초의 계획은 당시 자신의 국내 문제에 따라 행동하고 있었던 소비에트 정권의 의도적 결정에 의해 실행되지 않은 것으로 보인다. 당시의 역사적 단계에서 북한 지도부가 사할린 한인 송환 문제에 대한 소연방의 결정에 반대할 수 있었을 것으로 예상하는 것도 불가능하다.

위에 언급된 바와 같이 사할린의 한인 주민 중 대부분이 한국 남부 지역 출신이었음에도 불구하고 이루어지지 않은 송환 계획은 전적으로 받아들일 수도 있는 것이었다. 연구자들의 의견에 따르면, 1950-1953

---

40) РГАСПИ. Ф. 82. Оп. 2. Д. 1264. Л. 1–2.
41) РГАСПИ. Ф. 82. Оп. 2. Д. 1264. Л. 1–2.

년 6·25전쟁 개전 직전까지 두 한국 간의 국경선은 감시가 심하지 않았기 때문에, 원하는 사람들은 상대적으로 손쉽게 국경을 넘나들 수 있었다고 한다[68, p.49-50]

　그럼에도 불구하고 1948년에 소비에트 정권은 송환을 원칙적으로 거부한 게 아니라 잠시 연기하기로 결정했다는 사실에 주의를 기울여야한다. 이런 결정이 채택되는데 있어 주된 역할을 한 것은 일본 주민의 송환 이후 사할린에서 나타나기 시작한 극심한 노동력 부족이었다. 일본 주민의 송환이 1949년에 완수되었던 만큼, 모국을 향한 한인들의 귀환은 최소한 1950년까지 연기될 수도 있었다.

　그러나 비록 본 저자의 입장에서는 위에 언급된 송환계획이 가장 중요한 것이었음에도 불구하고 그 계획이 유일한 것은 아니었다. 미국 국립문서보관소에는 연합군 총사령부가 생산한 사할린 한인들과 직접적으로 관련이 있는 문서들이 소장되어 있다. 이 문서들이 한국 연구자들에 의하여 발굴되고 공개되었다[105].

　일본에서는 사할린 한인들의 송환 문제가 가라후토에서 1944년의 '이중 징용'으로 인해 규슈(야마이치/山一/ 탄광과 세키모토/關本/ 탄광)에 남게 된 한인들이 파업했던 1945년에 이미 제기되었다. 이 한인들은 사할린에 남아 있는 자신의 가족들이 본국으로 송환될 때[110, p.246-247]까지 작업하는 것과 한국으로 귀국되는 것을 거부했다.[42]

　1945년 12월 14일 SCAP는 상황을 파악하기 위하여 제9군단 사령부에 사할린에 남아 있는 한인 가족들의 명부와 사할린 주소록을 작성하라는 명령을 하달했다. 그와 동시에 사령부는 소연방의 지배를 받는

---

42) 이 시기에 연합군최고사령부(SCAP)의 통제 하에 재일 한인의 한반도 남부로의 대규모 송환이 이루어져, 약 50만 명의 한인이 한국으로 돌아갔다. 이에 대한 자세한 내용은 다음을 보시오. [7]

영토로부터는 그 어떤 송환도 이루어지지 않을 것임을 통보했다[105, p.217].

1946년 2월 20일 SCAP는 사할린 한인들의 명부와 주소록을 워싱턴 주재 미 육군 참모총장에게 발송하면서 외교적 통로를 통해 이 문제를 해결해 달라고 요청했다. 이 명단에는 규슈에서 파업을 일으킨 한인 18명과 사할린에 남아 있는 그 가족들의 이름과 주소가 포함되어 있었다[105, p.220-224].

1946년 3월 21일 워싱턴으로부터 온 답변은 일본 주재 러시아 공사관, 특히 대일본 연합국위원회(명칭이 맞는지 확인 필요!!!)의 소연방 대표였던 키슬렌코(А.П. Кисленко) 중장에게 이 문제를 문의해보라는 것이었다. 키슬렌코에게 발송하기 위해 작성된 서한의 초안 내용은 소련의 통제를 받고 있는 지역으로부터의 일본인 송환을 한국으로 출국하기를 원하는 모든 이들의 송환하는 것으로서 완수해 달라는 것이었다. 귀환자들의 이송은 사할린과 쿠릴열도의 일본 주민들을 이송할 때와 같은 경로인 마오카를 통하는 것으로 예정했다[105, p.229-231].

1947년 10월 26일 서울에서 설립된 "사할린 한인의 조속한 송환 실행회"의 이봉성(Ли пон Сон)은 맥아더 장군에게 사할린 한인의 송환에 협력해 달라고 장황한 호소문을 전달했다. 이봉성의 의견에 따르면 사할린과 쿠릴열도의 한인들은 약 4만 명에 달했으며, 이들은 일본 군국주의의 희생자이자 연합군 세력의 적이 아니기 때문에 가능한 한 빨리 한국으로 송환되어야만했다[105, p.236-237].

1947년 11월 1일 한국에 주둔 중인 미육군 제24군단장 존 하지((John Reed Hodge) 장군은 연합군 총사령부 참모실장 폴 밀러 소장에게 "소비에트 사할린으로부터 최근 송환한 몇몇 이들이 처절한 학대의 역사에 관하여 얘기하면서 사방에서 무엇인가 조치를 취해 달라고 우리에게 요청하고 있는바" 연합군 총사령부가 사할린 한인에 관한 정보를 지니고 있다면 어떠한 것이든 제공해 달라고 요청했다[105, p.238].

1947년 12월 9일 SCAP는 이 서한에 대해 다음과 같은 내용의 답변을 발송했다.

"사할린 한인의 송환에 관하여 참모실장에게 발송한 1947년 11월 1일자 귀하의 서한에 대한 답변으로, 연합군 최고사령관은 대일본 연합국 위원회의 소비에트 대표에게 사할린으로부터 38도선 이남의 한국 지역 출신으로 송환되기를 원하는 모든 한인들을 수송해 줄 것을 반드시 제안해야 할 것으로 판단하고 계십니다. 기선은 소비에트 대표가 언급할 한인 인원수를 이송하기 위해 마오카 항에 입항할 것입니다. 우리는 현재 사할린에 있는 정확한 한인의 수를 알 수 없으나, 이봉성의 의견에 따르면 약 4만 명이라고 합니다. 우리가 위에 언급된 작업을 실행할 때까지 이 사안에 대한 귀하의 의견이 매우 요망된다."[105, p.241]

주한 미군 사령부가 연합군 총사령부에 발송한 1948년 2월 24일자 답신은 다음과 같았다. "종전 이후 귀국한 송환자들의 수가 2백8십만 명이 넘는 것으로 평가되고 있으며, 송환자들과 탈주자들에게 양식, 의복 그리고 주거지를 보장하는 현존 업무에 대한 하중이 최대치로 증가하고 있습니다. 이처럼 한국 경제에 대한 과부하는 동절기에 더 큰 규모로 다가올 것입니다. 따라서 현 시점에서 연합군 총사령부가 사할린과 쿠릴열도로부터 추가로 수 천 명의 송환자들을 받아들이는 의무를 지는 것은, 심지어 그들이 38도선 이남의 출신이라 할지라도 바람직하지 않아 보입니다. 그러나 대일본 연합국 위원회의 소련 대표에게 사할린과 쿠릴열도에 남아 있는 한인들의 인원수에 관한 정보와 그들이 일본 군국주의자들에 의하여 그곳으로 이주되었다는 사실을 반드시 설명해주어야 합니다. 만약 이런 설명이 송환과 관련한 아무 의무 없이 이

루어질 수 있다면, 그런 정보는 한국에서의 상황을 판단하는데 매우 유익할 것입니다."[105, p.243]

1948년 3월 10일 위의 이봉성은 연합군 총사령부로 재차 청원서를 발송했다. 그는 이 청원서에서 '믿을만한 소식통'을 인용하여 사할린에는 강제도 3만 명의 한인들이 억류되어 있으며, 이들은 송환되기 위하여 가능한 모든 방법을 이용하고 있지만, 그들의 노력이 결실을 얻지 못한 상태이고 소비에트 관리들과의 협의도 답보 상태라고 주장했다. 이상봉은 송환을 추진하거나 소연방 정부에 청원서를 제출할 수 있는 민족 정부가 한국에 없다는 사실을 안타까워하면서, 바로 그렇기 때문에 연합군 총사령부가 그 기능을 대신해야 한다고 했다. 또한 이상봉은 모든 믿을만한 소식통에 따라 사할린으로부터 매월 15만 명의 일본인들이 계획에 따라 송환되고 있다는 사실이 익히 알려져 있다고 주장했다. 그는 이런 송환 계획에 한인 주민들을 포함시켜야 한다고 강력하게 요청했다[105, p.245].

연합군 총사령부에서는 재차 키슬렌코 중장에게 발송한 서한을 작성했으나(전체 기간 동안 이런 식의 서한이 여러 통 작성되었다), 이 역시 발송되지 않았다. 그것을 확인할 수 있는 주된 근거는 러시아 각 문서보관소 내에 연합군 총사령부의 그런 행동을 언급하는 문서가 존재하지 않는 것은 물론, 그때나 그 이후에나 미군 지휘부는 소문이나 신문 기사에 만족했을 뿐, 사할린과 쿠릴열도에 있는 한인들의 정확한 수를 몰랐다는 사실 때문이기도 하다. 연합군 총사령부가 이렇게 우유부단했던 이유는 1948년 3월 11일 위원회에서 행해진 연설의 결론부분에서 찾아야 할 것으로 보인다. 이 결론은 "연합군 총사령부가 취할 모든 행위는 송환을 피하기가 어렵게 될 때, 그 계획의 거절하면 소연방은 연합군 총사령부의 비판을 받게 될 것"이라는 사실에 기초하고 있었다[105, p.246].

이후 SCAP에서는 사할린과 쿠릴열도 한인들의 송한에 관한 토론이 이어졌다. 군 고위 간부들은 한인들을 반드시 송환하기로 결의했으나, 당시 군 간부들이 생각했던 것처럼 한인의 수가 이봉성의 청원서에 있는 1만 5천 명보다 적다고 보았다. 송환은 사할린 일본인들의 송환 범주 내에서 이루어지며, 마오카 항에서 출발하여 사세보로 향하여 그곳에서 처리와 검사를 받은 뒤 부산까지 별 어려움 없이 송환자들을 운송될 예정이었다. 소연방이 일본으로 출국한 이들을 대신하기 위하여 산업 및 농업 분야 노동자들을 북한으로부터 다수의 한인들을 데려가고 있다는 소문(우리는 이 소문이 사실이었음을 알고 있다)이 송환된 일본인들에게서 흘러나와 논의되었다. 그와 동시에 사할린과 쿠릴에서 온 수 천 명의 송환자들은 한국 경제에 추가적인 원치 않는 부담이 될 것이라는 한국 주둔 미 제24군단 지휘부의 의견이 재차 인용되었다. 이후 포츠담 선언에 의해서도 그리고 그 뒤를 이은 일본의 항복 문서에 의해서도 소연방은 일본인 이외에는 그 누구도 자신의 영토에서 송환해야 할 의무가 없었다. 당연히 SCAP 역시 그런 의무를 지지 않았다. 그러나 그 사이 중국과 만주에서의 '인도적 미국 정책'은 구 가라후토의 한인들처럼 원칙적으로 자기 모국을 두고 떠났던 한인 주민들의 송환을 구상하고 있었다. 미군 지휘부는 어찌되었든 소비에트 대표와 접촉하는 것이 바람직하지만, 그와 동시에 상당히 심각한 의무를 미국 측이 지도록 만들 수도 있다는 이유에서 소련군 지휘부에 공개적으로 제안하는 것은 합목적적이지 못하다고 인식하고 있었다[105, p.252-253].

1949년 4월 4일 도쿄주재 대한민국(대한민국은 1948년 8월 15일에 수립되었으며, 따라서 한국에는 공식 정부가 만들어졌다) 외교 공관은 사할린 한인들의 송환에 협력해 달라고 요청하는 질문을 SCAP 외교

공관에 제출했으며, 사할린 한인의 수 및 송환에 관한 미소협약의 현존 조건에 관한 모든 정보를 제공해 달라고 부탁했다. 한국 외교부는 자신의 부탁을 한국 내 여론이 사할린과 쿠릴열도의 한인 송환 문제를 해결하라고 요구하고 있다는 사실에 근거하고 있었다[105, p.259].

한국 외교부의 이런 질문의 뒤를 이어 SCAP의 미국 외교부처에서는 한국과 과연 어떤 정보를 공유할 수 있을 것인가라는 질문이 제기되었다. 동봉된 단신에서는 전후 사할린에 남은 사람들이 이미 '10만-15만'으로 언급되어 있었다. 결과적으로 한국 외교부는 사할린 한인에 관한 정보를 전혀 보유하지 않고 있다는 SCAP 측의 답변을 받았다[105, p.261-263].

1949년 6월 14일자 한국 외교부의 두 번째 질문에 대한 SCAP의 답변이 사실상 전혀 무익했던 토론과 교신들에 마침표를 찍었는바[105, p.269], 이 답변서에는 (일본이 포츠담 선언의 조건을 채택하는 것에 기초한)1946년 12월 19일자 미소협약에 따라 소련의 통제를 받는 영토로부터의 송환 대상은 오직 일본군 전쟁포로이며, 일본으로만 돌아가게 되어 있다고 명확하게 설명되어 있었다. 따라서 SCAP는 이 문제를 직접 소련 정부에 문의해 보라고 한국 정부에게 제안하면서, 한국이 소련 정부와 외교관계를 맺고 있지 않았기 때문에 소련 및 한국 두 나라와 공식 외교관계를 지니고 있는 정부의 중재를 받으라는 권고했다[105, p.273]. 사실 외교 용어에서 이런 표현은 SCAP가 사할린과 쿠릴열도 한인들의 송환 문제를 다루지 않겠다고 단호하게 거절했음을 의미하는 것이다.

두 열강, 즉 새로이 획득한 영통의 산업 시설에 한인 노동자들을 유지시키고 싶어 했던 소련, 그리고 수 천 명에 달하는 사할린과 쿠릴열도 한인을 받아들여서 배치하는 불필요한 문제를 피하려 했던 미국 군 참모부의 이해관계가 이처럼 매우 희한한 형태로 일치했다. 지구의 지정학적 고려가 자신의 의지와는 상관없이 타국의 영토에 남겨진 사람들의 운명을 결정지었으며, 모국으로 돌아가겠다는 권리마저 박탈되었다.

전후 첫 시기 한인 송환에 따른 조건과 역사적 상황, 그리고 한인들을 모국으로 돌아갈 수 없게 만들어버린 상황은 위와 같았다. 본인은 1945-1950년 동안의 송환은 그것에 관심을 가지고 있었던 상대를 만족시킬 수 있는 형태로 실행될 수 있었다고 본다. 1950년 한국전쟁이 발발하면서 사할린 한인들의 송환이 물류학적으로(그리고 실로 인도주의적으로도) 불가능해졌다. 한국전쟁의 휴전 이후 사회주의 진영과 자본주의 진영 간의 대립이 전 세계에 걸쳐서 시작되었으며, 이는 반 히틀러 동맹들을 맺었던 과거 연합국 국가들 간의 모든 접촉이 상호 의심과 대결 그리고 선전으로 물들어 버렸다. 냉전 시기 두 진영으로 세계가 분할되었으며, 두 진영 사이에 내려진 '철의 장막'은 모국을 향한 사할린 한인들의 길에 극복할 수 없는 장벽이 되었다.

소비에트 치하의 사할린 한인 주민은 이제 그곳에서 살도록 남겨졌다. 정주 조건과 전후 상황은 적응 과정과 민족적 정체성에 큰 영향을 주었다. 적응 기간 그 자체가 다양한 요인들의 영향을 받아 오랜 시간에 걸쳐 이루어졌다.

그런 요인들 중의 첫 번째는 역사적 모국으로의 송환에 대한 지속적인 기대였다. 송환 운동은 1977년 사할린 한인의 일부 가족이 소련에서 북한으로 보내지는 비극적 사건으로 이어지기도 했던 가혹한 소비에트 시기에서도 수그러들지 않았다[55, p.147-152].

두 번째 요인은 1963년까지 사할린에서는 한인 어린이들을 위한 소비에트 행정부에 의해 설립된 한인 민족학교가 운영되었다는 점이다. 교육은 한국어로 진행되었으며, 선생님은 일본 학교를 졸업한 이들과 중앙아시아에서 온 소비에트의 고려인들이었다. 한인학교는 1963년에 폐교되었다[43, 60] 한인학교의 폐쇄는 소비에트 행정부의 실수이며, 사할린 한인들이 모국의 언어와 문화를 유지하는데 부정적인 영향을 주었다는 견해도 존재한다. 일정 정도에서는 그것이 사실인 것으로 보인다.

사할린 한인들의 적응에 영향을 준 세 번째 요인은 1950년대 말 연해주의 나호트카(Находка) 시에 설립된 북한 총영사관의 활동에 있었다. 영사관 직원들은 사할린 한인들이 북한 시민권을 받아들이도록 적극적인 선동 작업을 펼쳤으며, 심지어 영구 거주를 위해 북한으로 향하도록 촉구했다. 초기에는 이런 노력들이 충분히 성공적이었다. 1956년까지 658명의 사할린 한인들이 북한 국적을 받아들였으며,[43] 1962년까지 11,475명이 북한 시민권으로 바꿔서 이들은 현재까지도 시민권이 없거나 혹은 일본 신민으로 남아 있다.[44] 사할린 한인들은 언젠가는 역사적 모국으로 돌아갈 것이라는 희망을 갖고 북한 시민권을 받아들였던바, 근 시일 내에 한국이 통일될 것이라는, 끊이지 않던 소문 때문에 송환 가능성에 희망을 갖고 있었다. 그러나 사할린 한인 디아스포라에서 북한에 대한 흥미는 금방 시들기 시작했다. 북한 영사관 직원들이 사용했던 방법이 환멸을 샀다. 실제로도, 영구 거주를 위해 사할린에서 북한으로 출국한 사람들로부터 유래하여 다양한 경로를 통해 확인된 소식들은 북한에서의 상황이 매우 불행했다는 사실을 확인시켜 주었다. 북한과 관련하여 위에 서술된 모든 사건들과 변화들의 결과 60년대 말과 70년대 초 사할린 한인들이 북한 시민권을 포기하기 시작했다.

1962년 당시 노동 계약을 맺고 온 북한 출신 노동자들 중 3,851명

---

43) ГИАСО. Ф. 53. Оп. 7. Д. 181.Л.20.
44) ГИАСО. Ф. П-4. Оп. 63. Д. 1. Л. 5.

이 사할린에 남아 있었고, 무국적자 상태로 남아 있는 사람들은 20,718명이어서 사할린 디아스포라는 총 4만 명이 넘었다.[45]

1963년에 한인학교가 폐쇄되면서 한인 자녀들이 러시아어 교육 체제에 편입되었다. 1956년 무국적자에게도 소비에트 고등 교육기관 입학을 허락하라는 소연방 각료회의의 결정[55, p.178]이 내려졌음에도 불구하고, 러시아어 구사능력이 낮은 탓에 시험합격 가능성이 한정적이었다는 이유에서 그 결정의 혜택을 누릴 수 있었던 한인 자녀들은 소수에 불과했다. 바로 공용어였던 러시아어에 대한 무지가 한인 주민들의 적응 과정에 가장 강력한 방해물이 되었으며, 사할린 한인 디아스포라 내에서의 교육 수준 향상에도 걸림돌이 되었다.

1970년대에 사할린 한인 주민들의 전반적인 물질적 상황이 개선되기 시작했다. 개인적으로 키운 작물의 판매매가 비공식적으로 허락되고, 한인들 유명한 근면함 덕분에 많은 한인들은 러시아 주민들에 비하여 보다 높은 수준의 부유함에 도달할 수 있었다.[46] 물질적 풍요와 (한인 학교의 폐교로 인하여)교육 수준이 높아지면서 사할린 한인들은 소비에트 사회에 점진적으로 통합될 수 있었다.

1970년 현재 기준으로 3만 5천의 사할린 한인 디아스포라 중에 소련 시민은 19,400명이어서 무국적자가 7,700명으로 줄어들었다. 1989년 무국적자는 겨우 2,700명에 불과했던 것에 반해 소연방 시민은 32,200명에 달했다(그에 더해 1970년부터 1989년 사이 디아스포라의 총 수는 거의 변하지 않았다). 이처럼 1989년 전체 사할린 한인 디아스포라 중 약 92%가 소련 국민이었다. 북한 시민의 수는 1970년 8천 3백 명에서

---

45) ГИАСО. Ф. П-4. Оп. 63. Д. 1. Л. 14.
46) ГИАСО. Ф. П-4. Оп. 159. Д. 86. Л. 4.

(1962년 당시에는 총 15,326명이었음[47]) 1989년에는 겨우 300명으로 줄어들었다[55, p.164].

소연방의 해체와 1990년대의 사건들에 의해서 야기된 사회경제적 위기는 사할린 한인의 전반적인 삶의 수준에 부정적으로 반영되었다 (다른 모든 러시아 국민들의 삶의 수준에서도 동일했었다). 따라서 다수의 한인 노인들은 경제적으로 발전된 역사적 모국인 한국으로 귀환할 수 있는 가능성에 관한 소식을 기꺼이 받아들였다.

2000년의 국제공동계획으로 약 1천 명의 사할린 한인 1세대가 대한민국으로 재이주할 수 있었다. 송환자들의 거주 장소는 경기도, 충청남도, 충청북도, 강원도, 경상남도로 결정되었다[56, p.149].

1990년부터 2009년까지(개별적으로는 2000년까지)의 기간 동안 3,463명이 한국으로 영구 귀국했다[24, p.198-204]. 송환은 사할린 사회에서 커다란 반향을 불러일으켰으며, 사할린과 한국의 관계 강화에 도움이 되었다.

---

47) ГИАСО. Ф. П-4. Оп. 63. Д. 1. Л. 5.

К ___ 416
___ 01

Проект

Секретно
Экз. №

С О В Е Т   М И Н И С Т Р О В   С О Ю З А   С С Р

ПОСТАНОВЛЕНИЕ № _____

_____ 1947 г.   Москва, Кремль

О репатриации корейского населения с Южного Са-
халина и Курильских островов в Северную Корею.

1. Разрешить Уполномоченному Совета Министров Союза ССР по
делам репатриации (т.Голикову) в период июль-октябрь м-цы 1948 г.
провести репатриацию корейского населения в количестве 23.298 чел.
с Южного Сахалина и Курильских островов в Северную Корею.

2. Обязать Южно-Сахалинский облисполком (т.Крюкова) в сроки,
определенные планом Уполномоченного Совета Министров СССР по ре-
патриации (т.Голикова), сосредоточить указанный контингент в ла-
герь 379 (порт Холмск) для последующего направления на родину.

3. Предложить Министерству Морского Флота (т.Ширшову) по заяв-
кам Уполномоченного Совета Министров СССР по делам репатриации
предоставлять суда для сосредоточения указанного числа корейцев в
лагерь 379 (порт Холмск), а также для последующей отправки их в
Северную Корею.

4. Прием всех корейцев, прибывающих с Южного Сахалина в Север-
ную Корею, возложить на гражданскую администрацию военного коман-
дования в Северной Корее, с последующей передачей их для расселе-
ния Народному Комитету Северной Кореи.

5. Разрешить к вывозу в Северную Корею все личное имущество
репатриируемых корейцев с Южного Сахалина, предусмотренное к вы-
возу таможенными правилами.

Председатель
Совета Министров Союза ССР

                              (И.СТАЛИН)

Управляющий Делами Совета
Министров Союза ССР

                              (Я.ЧАДАЕВ)

사진 4. 남부 사할린 및 쿠릴 제도의 한인 본국 송환 프로젝트. 1947년./ ГАРФ. Ф. Р
-9526. Оп. 4. Д. 54. Л. 416.

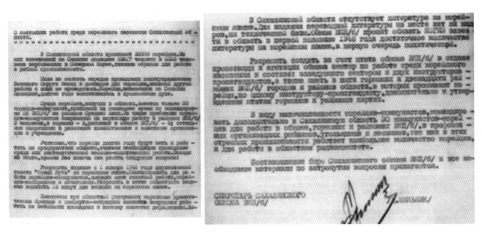

사진 5. 사할린 주 한인 주민 취업 증명서. 1947년. // Г И А С О. Ф. П–4. О п. 1. Д. 332. Л. 214–215.

사진 6. 공산주의 노동 한인 사단. 1970년.

3. 사할린 한인 문제

구술되는 사할린 한인의 역사를 살펴보면, 역사적 기억이 어디에 가장 잘 보존되었는지에 대한 일련의 질문에 사람들이 비상한 관심을 보인다는 것을 알 수 있다. 물론, 다양한 세대의 사할린 한인에게 문제의 범위는 다르게 나타난다. 경험한 역사적 사건들이 중요한 역할을 수행하는데, 사실 사할린 한인 세대들은 서로 다른 역사적 상황에 속한다. 1세대에게 가장 중요한 것은 일본 통치 시절의 생존 문제, 전후 소비에트 정부의 특정 민족 정책 하의 러시아어 학습과 소비에트 법률 습득이었다. 소비에트 후반부에 성장한 2세대에게 중요한 문제는 상당히 높은 위치에서 소비에트 사회로의 긴밀한 통합을 이루는 것이 되었다. 3세대는 소비에트 붕괴와 경제 위기를 겪으며 성장했고, 그들의 한인 정체성

사진 7. 사할린 한인 문제에 대한 주도적 단체의 모임. 유즈노사할린스크. 1989년.

에서 "자신의" 사할린 한인 정체성과 실제 "한인" 정체성의 조화에 관한 문제, "자신의" 정체성을 한국 사회에 "시도"해 볼 가능성에 관한 문제가 중요해졌다. 현재 우리 눈앞에서 자라고 있는 4세대는 한인 정체성에 대한 긴급한 문제들을 제기하지 않고 있다. 어쩌면 이 문제가 그들에게 그렇게 중요하지 않기 때문이 아닐까?

저자는 주로 1세대 한인들과 인터뷰를 하려고 했기 때문에 바로 그들과 관련된 문제의 범위를 확실히 규정해야 한다. 이 문제들은 많은 인터뷰의 여러 층위에서 드러났다. 그러나 다음 세대와 관련된 문제들 역시 그렇게까지 예리한 형태로 고민할 것까지는 아닐지라도 간과해서는 안 된다.

전후 본국 송환. 우선, 사할린 한인들에게(1세대뿐만 아니라, 비록 상대적으로 미비하기는 하지만 다른 세대들에게도) 첫 번째이자 가장 중요한 문제는 2차 대전 후 본국 송환이 미완의 상태로 남았고, 또 이와 관련되어 한인들이 역사적 조국으로 돌아가고 싶다는 욕망을 가진다는 사실이다(본국 송환이 미완의 상태가 된 원인에 대해서는 위 참조). 미소 협정에 근거하여 구 일본 제국 식민지의 일본인은 본국으로 송환되게 되었다. 사할린과 쿠릴 제도에서 약 30만 명의 일본인이 일본으로 돌아왔다.[48] 한국을 완전히 통제했던, 1940년대 후반에 시작된 미소 대립으로 말미암아 구 가라후토의 한인들에게는 조국으로 돌아가는 길이 차단되었다.

이산 가족. 대다수의 한인이 (전부는 아니지만 상당한 수임) 1939년에서 1944년까지 일본 정부의 강제 동원에 의해 남 사할린으로 왔기 때문에 그들의 가족은 한국에 남아 있었다. 더욱이 한국에 남은 가족이

---

48) 이 통계자료는 다음을 보시오. [1, c. 259].

부모뿐 아니라 아내와 아이들인 경우가 자주 있었다. 이 문제는 1990년 소비에트연방과 한국 사이에 외교 관계를 수립한 후 제기된 가장 심각한 문제 중 하나였다.

한반도 남쪽 출신. 소위 "구 일본 국민"[49]이라 불리는 사할린 한인의 대부분은 한반도 남쪽 출신이어서 그들 중 95%가 자신의 집과 가족에게 돌아가려 했다. 한인 대다수가 가족과 집을 고향에 남겨두고 자신의 의지에 반하여 가라후토에 왔다는 것을 고려해보면, 실패한 본국 송환은 그들과 고국에 남아있는 가족 모두에게 엄청난 비극이었다.

국적 및 무국적자의 지위. 소비에트 정권은 사할린의 한인들에게 거주지 선택의 가능성을 주지 않았고, 그들의 국적 문제 역시 즉각 해결하지 않았다. 한인들은 법적으로 1945년까지는 일본제국의 신민이었으나 1951년 일본이 샌프란시스코 평화 조약(이전 식민지에 대한 모든 권리를 포기)에 서명한 후, 한인들은 일본과의 공식적 관계를 잃었다. 당연히 한인들은 1948년 법적으로 형성된 자기 나라의 국적을 받아야만 했다.

그러나 일본 국적을 상실한 사할린 한인은 고국과의 법적인 관계를 공식화할 수 없었다. 1952년부터 소비에트연방 국적을 외국 시민(그들은 이런 지위에 있었다.)으로 취득 할 수 있었지만 소비에트연방이 서명한 유엔 헌장 제15조를 위반하게 되어 국적을 자동적으로 취득하지 못했다.[50] 1979년 소비에트연방에서 채택 된 국적에 관한 새로운 법률은 이러한 부당성을 바로 잡았다.

거주지인 소비에트연방의 국적도 자동적으로 취득하지 못했고, 조국인 한국의 국적도 취득하지 못한 사할린 한인들은 첫 번째 기간 동안 선동에 넘어가 북한 국적을 취득했다. 그러나 많은 이유로 그들은 곧

---

49) 이 명칭은 소비에트 이민국의 공식 문서에 사용되었다.
50) 더 자세한 내용은 [23, p.237-249] 참조.

북한 여권을 거부하고 소비에트 국적 취득을 위한 청원서를 제출했다.

북한과의 상호관계. 북한의 정책이 사할린 한인들에게 커다란 영향을 미쳤는데, 이는 소비에트 시절 북한만이 사할린의 한인들과 관계를 맺을 수 있었기 때문이다. 그럼에도 불구하고 사할린 한인들과의 관계에서 북한 외교관들의 행동은 신중하지 못했고, 짧은 우호적인 관계 이후 실망한 사할린 한인들은 북한과 거리를 두기로 결정했다[59, p.148-156].

소비에트 시절 사할린에서의 본국 송환 운동. 소비에트 시기 국가에 의해 탄압당한 송환 운동도 문제 중 하나였다. 이 운동은 소비에트연방에서 페레스트로이카가 시작된 이후에서야 본격적으로 전개될 수 있었다. 그러나 한인 일부가 억압적 조치로 고통을 받고 북한으로 추방되었다.

소비에트 연방의 민족 정책. 소비에트연방은 한편으로는 송환 운동을 억압하고, 사할린 한인들에게 국적을 주지 않았으며, 다른 한편으로는 동등한 민족 문화를 지원하는 민족 정책을 적극적으로 실시했다. 한인을 위한 학교, 극장, 신문, 라디오를 개설하는 것은 한인들이 첫 번째 가장 어려운 적응 시기를 살아가는데 의심할 나위 없이 도움이 되었다. 그러나 그와 함께 1960년대 초반 이 기관들 중 일부가 문을 닫았을 때, 한인 사회에서 토론이 벌어졌다. 또한 국가 기관에 의해 중단되지 않는 한인들에 대한 억압 및 부분적인 차별 역시도 소비에트 지도부의 책임이라 할 수 있다.

디아스포라 내부 다른 하위 민족 그룹 간의 상호관계. 디아스포라가 "구 일본 국민"이라는 다수의 그룹으로만 구성된 것이 아니라 "본토 고려인"이나 "북한 노동자"와 같은 다른 한국 민족 그룹들로도 구성이 되어 있었기 때문에 그들 간의 상호관계도 문제가 되었다. 분쟁은 자주 장기적 성격을 띠었고, 일부의 발언에 의하면 그들 사이의 관계가 러시아 주민들과의 사이보다 좋지 않았다.

이 문제가 역사학에서 자주 제기되지는 않았지만 사할린 한인 디아스포라에서 특정 그룹을 주제로 하거나 그들 사이의 관계를 일정 정도 다루고 있는 연구는 제법 존재한다. 모든 저자들은 사할린 한인 디아스포라 내부의 상호관계가 그렇게 좋지 않았다고 밝히고 있다.

이것은 다른 문제들에도(북한 정책 등) 영향을 미치는 중요한 사항 중 하나이므로 더 자세히 살펴보겠다.

박현주(그 당시 사선에 관한 회고록인 "사할린에서 온 소식"의 저자)는 한인 사회의 내부 모순을 지적하며 사할린 주의 한인 인구를 3개의 그룹으로 구분한다. 이 그룹은 각각 «선주민(сондюмин)», «큰땅배기(кхынтанбэги)» 및 «파견노무자(пхагеномдя)»라 불렸다.[51] 구분 기준으로는 첫째, 각 그룹의 대표자들(또는 선조들)이 사할린에 오게 된 상황, 둘째, 방언과 표현형(phenotype)이 작용했다. 박현주는 또한 «선주민»과 «큰땅배기» 사이에 존재했던 상당히 긴장된 관계에 주목했다[92, c. 37-41]

러시아 역사학에서 처음으로 사할린 디아스포라의 역사에 관심을 기울인 학자 중 한 명인 박수호는 "사할린의 한인"이라는 저서에서 박현주의 구분을 그대로 받아들인다. 동시에 그는 한인들이 자신의 근본에 있어 단일한 미족이기 때문에 사할린 한인 사회의 여러 그룹의 특징을 지나치게 강조할 필요가 없다고 말한다[14, c. 111]. 연구원 쿠진(A.T. Кузин)은 자신의 논문에서 한인 사회의 다양한 그룹들 사이의 긴장된 관계를 이 그룹들의 서로 다른 지위와 연관시켜 보여준다 [61, p. 75].

이미 사할린 주에서 살고 있던 한인들의 북한 노동자들을 향한 태도

---

51) 선주민 – 처음으로 이주한 사람, '현지 주민'. 큰땅배기 – 대륙에서 온 사람 '대륙의 한인'. 파견노무자 – 파견된 노동자, '북한사람'. – 이하 : 사할린 한인의 일상적 언어생활에서 자주 사용되고 있는 왜곡된 독특한 발음.

는 상당히 긴장되어있다. 많은 한인들이 "북한인"들과의 개인적인 경험이나 부모의 기억을 바탕으로 이에 대해 이야기한다. 다음과 같은 이야기가 자주 들려온다.

"아시다시피, 당시 북한 사람들을 다들 그렇게 좋아하지 않았습니다. 그들은 사실, 고용 계약이 만료될 때까지 잠시 와 있는 거였습니다. 그들은 임시직같이 굴었고… 일도 그렇게 잘하지 못했고, 공공재산을 소중히 여기지도 않았습니다. 잠깐 와 있는 것이고, 정착하지 않을 것이라는 것이 눈에 보였으니, 뭐 그에 맞는 대접을 받은 것입니다."[52]

"우리는 그들을 전혀 좋아하지 않았습니다. 저희 아버지도 역시 그들을 좋아하지 않고 빨갱이[53]라고 부르며, 정말 싫어하셨습니다. 그들과는 일을 하지 못하게 금지하셨고…"[54]

"음, 관계가 정말 나빴습니다. 함께 모이면 꼭 싸움이 벌어졌습니다. 서로 정말 미워했습니다. 제 생각에는 한국과 북한이 나뉘어서 그랬던 것 같습니다. 아버지는 전쟁 전에도 남북 간에 차이가 있었다고 말했습니다. 북쪽은 공업 지역이었고 남쪽은 주로 농업 지역이었으며, 서로 방언도 달랐고, 전체적으로 다 달랐는데… 특히 전쟁이 일어났을 때 그랬습니다."[55]

"그렇게 좋은 관계는 아니었습니다. 그들은 이민자로 매년 급여의 10% 수령이나 휴가와 같은 특권을 가졌습니다. 그런데 우리는 이민자가 아니어서 아무것도 받지 못했습니다. 일은 똑같이 하는데 그들이 더 많이 받았고, 그것이 우리의 마음을 상하게 했습니다. 게다가 전쟁이 일어났습니다. 많은 소식을 듣지는 못했지만 그래도 한국과 북한이 있고, 거기에 전쟁이 일어났다는 소문 정도는 들을 수 있었습니다. 우리는 한국에서 왔으니, 북에서 온 그들과는 항상 언쟁이 있었고, 자주 싸움으로까지 번졌습니다."[56]

---

52) HA COKM. Оп. 1. Д. 833. Интервью 26.
53) 빨갱이 - 공산주의 북한 출신 사람들을 모욕하는 용어.
54) HA COKM. Оп. 1. Д. 833. Интервью 7.
55) HA COKM. Оп. 1. Д. 833. Интервью 4..
56) HA COKM. Оп. 1. Д. 833. Интервью 9.

많은 정보 제공자들이 "북한인"과 "지역 한인"의 관계가 긴장상태였다는 사실에 동의하고 있지만, 일부는 마찰이 존재하기는 했지만 그래도 상당히 부드러운 관계라고 여겼다.

> "그들은 그렇게 많은 수가 아니었습니다… 특정 기간 임시로 왔고 다시 돌아가야 했습니다. 여기서 무슨 일을 저지르면 특별히 감옥에 갔습니다. 그들은 떠나고 싶어하지 않았습니다. 북한에서 사는 것이 무척 힘들다고들 했습니다. 그들과 우리 사이에는 물론 경계가 있었고, 그렇게 크지는 않았지만 뭔가 그린 것이 있긴 했습니다."[57]

1950년대 후반부터 사할린 한인에 대한 북한 정부의 정책도 "북한인"에 대한 사할린 한인들의 태도에 부정적인 영향을 미치기 시작했다. 연해주의 나홋카 시에 있는 북한 총영사관이 1950년대에 들어 사할린에서 활동을 시작한다. 영사관 직원들의 선동과 적극적인 활동은 초기에 사할린 한인 사회에 큰 영향을 미쳤다. 많은 "지역" 한인들이 북한 국적을 받아들였고, 일부 젊은 한인들은 북한으로 영구 귀국을 하기도 했다.

그러나 짧은 기간의 환상이 끝나고 북한의 현실과 북한 정치에 대한 실망이 시작되었다. 예를 들어, 북한 외교관들은 소비에트 기업에서 일하는 사할린 한인들에게 최신 생산 혁신과 새로운 기술을 "고국"에 알릴 것을 요구하여 사실상 그들을 산업 스파이로 만들었다.

여러 가지 면에서 이와 같은 시도는 1950년대 중반 북한 당국이 이루어낸 성공에서 기인했다. 그들은 일본 거주 한국인 협회인 조총련을 일본에 설립했다. 수십 년 동안 이 협회는 일본의 한인 사회를 지배했고, 고유한 학교와 신용 센터, 문화 및 스포츠 단체를 가진, 사실상 "국가 안의 국가"를 만들었다[8, p. 55]. 또한 약 95만 명의 일본 내 한국인

---

57) НА СОКМ. Оп. 1. Д. 833. Интервью 18.

들이 조총련을 통해 북한으로 떠났다. (조총련의 공식적인 목표는 일본 내 한인 모두를 북한으로 송환하려는 것으로 생각되었다) 사할린과 일본 열도 한인 사회의 역사적 공통점이 적지 않다는 점을 감안하면, 북한 당국이 일본에서 거둔 성공을 사할린에서 다시 한 번 달성하려 시도한 것은 놀라운 일이 아니다. 그러나 효율적이면서도 당국에서 독립적인 조직을 창출하려는 시도는 결국 실패로 끝났다. 소비에트연방의 지도부는 이와 같은 시도에 부정적인 반응을 보였고, 예상할 수 있듯이, 국가의 권력 기관이 일본의 해당 기관보다 빠르고 훨씬 더 효과적으로 자신의 주어진 문제를 해결하였다. 이 경우 피해를 본 사람은 면책 특권이 있는 외교관이 아니라 그들이 모집하려 시도한 사람들이었다.

특별한 "한인 캠프"를 건설하여 그곳에 사할린 한인 전체를 따로 정착시키려는 북한 측의 제안은 사할린 한인 사회에 커다란 우려를 불러왔다. 북한 정부는 당시 평양의 궁극적인 목표였던 사할린 한인 전체의 북송을 가속화하기 위해 그와 같은 프로젝트가 필요했다[59, c. 155]. 이 프로젝트는 소비에트 당국의 승인을 얻지 못했고, 사할린 한인들에게는 2차 대전 당시의 파시스트 수용소와 상당히 유사한 캠프로 인해 걱정과 공포가 더해진 것 외에는 아무것도 거두지 못했다.

이외에도 사할린을 떠나 북한에 정착한 사람들로부터 여러 가지 채널을 통해 들려오는 소식은 북한의 상황이 매우 좋지 않다는 것을 확인해줬다. 이는 사할린 디아스포라 내에서 북한에 대한 관심을 자연스레 감소시켰다.

북한 출신과 한국 출신 간의 관계가 점차적으로 완화되면서 사할린에 남은 "북한인"은 지역 한인들과 동화되었다. 이는 북한인이 상대적으로 적었다는 점으로도 설명된다. 앞서 언급했듯이, 1962년 사할린에 (가족과 함께)남은 "북한인"은 4천 명 미만이었다.[58]

---

58) ГИАСО. Ф. 53. Оп. 1. Д. 109. Л. 5.

1945년 이후 사할린과 쿠릴열도의 행정부는 사실상 러시아어를 모르고 사회주의 체제 및 소비에트연방에서의 생활 기반에 대한 정보도 가지고 있지 못한 다수의 한인들과 소통할 필요성에 직면했다. 이러한 상황에서 본토로부터 지원을 받기 시작했다. 1860년대 초부터 1920년대 초까지 러시아 연해주 지역에는 한국의 북쪽 지역으로부터 다수의 한인이 이주해왔다. 1937년 소비에트 당국은 소비에트 극동 지역의 모든 한인을 중앙아시아, 주로 우즈베키스탄과 카자흐스탄으로 추방했다. 그곳에서 한인은 상당한 차별을 받아서, 특히 중앙아시아 지역을 벗어나지 못하는 제한을 받았다.

2차 대전 이후 일부 자유화 분위기 속에서 중앙아시아 출신의 소비에트 한인이 사할린으로 호출되어 근무했다. 그들은 통역사, 한인 학교 선생님, 한인들이 많이 근무하는 대기업 행정부의 고문 등으로 일했다. 바로 이 교사, 통역가, 경찰 및 국가 보안 책임자, 당 활동가들이 또 하나의 한인 그룹을 만들어 사할린 한인 사회를 형성하였다. 그들은 사할린에서 정치 작업도 수행해야 했다. 이는 필연적으로 "교육자"와 "교육받는 자" 사이의 갈등을 가져왔다(특히, 사할린 한인의 상당수는 고향으로 돌아가고 싶어 했고, 공정의 여부와 상관없이 당국이 자신의 귀향을 막고 있다고 보았다).

사할린 한인 1세대의 경우 많은 이들이 본토에서 온 한인들에 대해 상당히 부정적인 기억을 가지고 있다. "본토출신"은 특권 이방인으로 인식되었고 이 때문에 그들은 호감을 얻지 못했다.

"아무에게나 물어보십시오… 그들은 우리를 몹시 억눌렀습니다. 본토 한인들 말입니다. 우리는 러시아어를 전혀 못 알아들었고, 그들은 우리를 억누르며 자기들은 잘 살았습니다. 예를 들어, 우리는 검은 빵을 먹었는데 그들은 흰 빵을 먹었습니다. 전쟁 후에 그들은 우리에게 카드를 주지 않고 와서 줄을 서라고 말했습니다. 우리는 거기서 한나절을 서있고, 그들은 카드가 있어서 줄을 서지 않고 통과하고… 바로 그렇게 우리를 우롱했습니다."[59]

"전쟁이 끝나고 우리는 스타로둡스코예에 살러 갔습니다. 거기에 콜호즈가 있었습니다. 그곳의 본토 한인들은 모두 지도자였습니다. 그들은 우리를 괴롭혔고, 저는 그들, kынтабеди를 견딜 수 없었습니다. 그들은 우리 한인들을 개처럼 대했습니다. 예를 들어, 그곳에 들판이 있었는데, 저는 거기서 양배추를 수확하고 있었고… 거기 잎사귀가 남겨졌는데, 그들은 우리가 잎사귀를 거둬가는 것조차 막았습니다. 우리에게 아무것도 주지 않았습니다. 나중에 제 아버지가 본토인과 경쟁하여 이겨서 소를 얻었습니다. 우리는 소를 키웠고 나중에 아버지는 유즈노사할린스크로 떠나고 싶어했습니다. 그러자 그들이 우리한테서 모든 것을 빼앗았습니다. 소도 가져갔습니다. 그리고 나서야 유즈노사할린스크로 떠날 수 있었습니다. 이제 그들을 전부 다 없애버릴 수 있는데…"[60]

"그들은 우리에게 한국어를 가르치러 왔다는데, 자기들이 타슈켄트나 다른 지역 출신으로 못 배운 사람들이었습니다. 이제와서 생각하면 가르칠 수가 없었던 것입니다. 한국말도 제대로 못했는데, 그들을 간부로 임명하기까지 했습니다. 교육도 받지 못한 사람이 무슨 간부이겠습니까. 그런데 그들이 우리를 지휘했습니다. 그들이 전부 공산주의자였기 때문입니다. 사실 모두가 그들을 싫어했습니다. 러시아인들과는 정상적인 관계였지만 그들과는…"[61]

거의 모든 응답자가 자신의 그룹을 (일반적으로 "우리 한인들"로 불립니다) "본토인" 그룹과 명확히 구분한다는 점에 주목할 필요가 있다. 이 구분은 "북한출신 노동자"와의 구분보다 훨씬 더 강하게 나타났다.

"뭐라고 말할까요, 관계는 나빴습니다… 그들 중 다수가 한인 학교 선생님이었는데, 우리 한인들은 선생님을 존경하는 것이 관례입니다. 그래서 우리는 그런 듯이… 하지만 사실 우리는 그들이 진짜 한국인이라고 생각하지 않았으며 노인들은 그들과 함께 하지 말고,

---

59) НА СОКМ. Оп. 1. Д. 833. Интервью 24.
60) НА СОКМ. Оп. 1. Д. 833. Интервью 24.
61) НА СОКМ. Оп. 1. Д. 833. Интервью 6.

러시아인들하고 그런 것처럼 그들과도 결혼하면 안 된다고 하셨습니다. 음, 왜 러시아인과 결혼하면 안 되는지는 이해가 됩니다. 자신들이 한국으로 떠날 것이라 생각했으니까요. 그러나 본토 한인들의 경우는, 그냥 싫어했습니다…"[62]

"본토 한인" 집단과의 관계에 대한 질문에 대해 거의 모든 응답자들이 부정적으로 묘사했다. 본토 한인들의 특권적 지위와 "지역 주민"에 대한 오만한 태도가 두 집단 간의 관계가 복잡해진 주된 이유였다. 지역 한인들의 눈에 "본토 한인"은 항상 긍정적 관계의 대상은 아니었던 당국의 대표자였다는 사실을 잊어서는 안 된다. 오랜 세월이 지났음에도 불구하고 집단 간 존재했던 소외감이 응답자들의 회고에서 지금도 분명하게 느껴진다.

한국 분단. 한반도에 두 개의 국가가 존재할 뿐 아니라 계속해서 대립 상태에 놓여 있다는 사실이 사할린 한인들에게 영향을 미쳤다. 사할린 한인들이 자신의 출신 때문에 한국에 더 끌리는 경향이 있었지만 북한 역시, 특히 소비에트 시기 디아스포라의 발전에 기여했다. 소비에트연방이 대한민국과 공식 외교 관계를 맺은 1990년 이후, 한국은 한인 디아스포라의 삶에서 중요한 역할을 수행하기 시작했다. 그러나 사할린 한인들은 한반도 내 두 한국 사이의 가교 같은 것이 되어 그들과 교류를 시도했다.

러시아 사할린 한인의 본국 송환 운동. 러시아에서의 페레스트로이카 이후 사할린 한인은 광범위한 본국 송환 운동을 전개했다. 이 운동의 일환으로 일본 정부에 배상을 요구하고, 한국 정부와 러시아에 호소했다. 많은 사회 활동가들이 자유롭게 역사적 조국을 방문하여 친척들을 만나고 관계국 정부를 상대로 자신의 권리문제를 제기할 수 있게 되

---

62) НА СОКМ. Оп. 1. Д. 833. Интервью 7.

었다. 본국 송환 운동은 큰 성공을 거두었으며, 특히 가장 성공적 프로젝트 중 하나인 1세대 사할린 한인의 본국 송환이 일본, 대한민국, 러시아의 재정 지원으로 수행되었다.

사할린 한인 1세대의 본국송환. 반세기 동안 지연되었던 본국 송환과 외교관계 수립은 사할린 한인들이 역사적인 조국과 새로운 조국 사이에서 가교 역할을 할 수 있게 했다. 2세대와 3세대의 많은 젊은이들이 과거 아버지와 할아버지에게서 말로만 듣던 나라를 방문했다. 그러나 모든 것이 간단한 건 아니었다. 디아스포라는 출국하려는 자들과 한국 사회에서의 생활 자체를 생각하지 않은 자들로 분리되었다. 대부분의 사할린 한인들은 러시아 사할린에 머물고자 했으나, 그들의 선택 과정은 극히 복잡했다.[63]

한편, 매우 제한적 형태로 지나치게 서둘러서 실시된 송환은 (많은 노인들이 오랫동안 기다려왔던 조국으로 돌아가려는 이유만으로 혼자 양로원 입소에 동의했던 첫 번째 단계에서 2000년까지) 다시 이산가족 문제를 잉태했고, 많은 한국 젊은이들로부터 비판을 받았다. 현재 이 문제를 해결할 수 있는 몇 가지 프로젝트가 있지만, 이는 상당한 재정적 지출이 필요하나, 러시아, 일본 그리고 한국 정부의 지원을 받지 못하고 있다.

한인 문화의 보존. 사할린 한인 디아스포라는 한인 문화의 보존이라는 문제를 안고 있다. 송환이 이 활동에 큰 타격을 주었다. 한국어와, 관습, 전통을 잘 알고 있는 노인들이 귀국했다. 이에 대한 한국의 지원이 상당하지만(사할린에 한국 문화센터 개설, 유명 가수나 전통 음악 콘서트 개최, 기타 행사들), 한국 문화는 점차적으로 시대적 현실에 자리를

---

63) 본 주제에 관한 가장 흥미로운 연구물 중에 다음의 것이 있다. 이숙숙(Лим Сунг-сук)의 연구물을 보시오[71].

내어주고 있다. 한국어 구사자가 실질적으로 없어졌고, 청년들은 역사적 조국에 관심이 없으며, 디아스포라의 역사를 모른다. 사할린에도 예술가 및 시인, 작가와 같은 한인 지식인이 있으나, 그 수가 매우 적다.

사할린 한인의 자기 명칭의 문제. 자기 명칭(민족명)의 문제는 매우 복잡하고 중요하다. 민족학에서 민족명은 민족 정체성의 가장 중요한 징후이고 민족명의 출현은 민족의 역사 및 기원, 인종적 관계와 관련이 있다[94, p. 623]. 사할린 한인의 자기 명칭의 문제는 두 가지의 의미를 가진다. 러시아어로 "사할린 한인"이라는 명칭이 있고, 한국어로도 명칭이 있어서 그 역사가 상당히 복잡하다.

러시아어의 민족명 "사할린 한인"은 상당히 확립되어 있어서 사실상 이견이 없다.[64] 이 경우 명칭에서 지역 표기, 즉 사할린 한인 디아스포라의 거주 지역 명시가 중요한 역할을 한다는 점을 밝힐 필요가 있다. 일부 분리 현상이나 강한 지역 정체성의 형성은 자연스러운 과정이며 사할린이나 쿠릴열도의 한인들에게서만 발생하는 현상이 아니다 [29].

한인의 자기 명칭의 문제는 상당히 복잡하다. CIS의 한인들은 스스로를 "고려 사람"[65]이라 부르며 10세기에서 14세기 한반도에 존재했던 국가인 고려와의 역사적 유사성을 부여한다. 이 민족명(고려사람)은 보편적으로 인정을 받아서 사할린 주 한인 신문 편집부가 1991년 신문 명칭을 바꾸어 "새 고려 신문"이라 부르며 "고려사람"을 직접적으로 언

---

64) 사할린 한인의 이익을 대표하는 러시아 사회조직의 명칭은 POOCK(ROOSK, "사할린 한인"의 지역 사회 조직), 사할린 노년 한인들의 사회 조직, 사할린 주 사할린 한인 이산가족 사회 조직, 사할린 한인 지역간 사회 조직 등과 같은 민족 명칭을 지니고 있다는 사실을 언급할 필요가 있다.

65) 이하 이 민족 명칭은 (기본적으로) 구 소연방(러시아, 카자흐스탄, 우즈베키스탄, 타지키스탄 등등) 영토에 거주 중인, 그리고 19세기 후반부터 20세기 초에 걸쳐 제정러시아의 극동지역으로 이주한 같은 뿌리를 지니고 있는 모든 한인 디아스포라와 공동체를 의미하는 용도로 사용한다.

급했을 정도이다. 그러나 나중에 한인 사회 활동가들은 그들의 목표와 지향이 "고려사람" 사회단체들의 목표나 지향과 다르다는 사실에 직면하게 되었다. 우리의 생각에 주된 이유는 자신이 대표하는 사람들의 가장 긴급한 문제를 해결해야 할 모든 사회단체들이 1차적으로 역사에 관심을 기울이게 되었기 때문이다. "고려사람"에게는 러시아 제국의 극동 지역으로의 이주와 1937년 중앙아시아로의 추방, 1991년 이후의 복권이 중요한 역사적 사건인데 비해, 사할린 한인들에게는 조선 식민지 시대의 사건들, 일본 정부의 강제 동원, 1945년 8월의 비극적 사건, 2차 대전 이후의 실패한 한인 본국 송환 등이 더 중요하다.

따라서 1991년 직후 사할린 주의 모든 한인 사회단체는 민족명 "고려사람"을 버리고 자신의 민족명으로 "한인"을 사용하여 대한민국의 명칭을 직접적으로 인용했다. 2018년에는 사할린에서 이 명칭(다른 문제들도 함께) 때문에 사할린 한인 지역 사회단체(POOCK)와 "남한동포협회" 사이에 갈등이 발생했다.[66] 양측은 날카로운 성명을 교환했고[67], 현재 사회 운동의 몇몇 문제로 계속해서 갈등을 겪고 있다.

---

[66] 이 협회는 2006년 "사할린 한국교민회(Организация граждан Южной Кореи, проживающие на Сахалине)"로 설립되어, 사할린에 거주 중인 대한민국 시민을 통합하는 단체로 2013년에 "사할린한국한인회(Сахалинскую организацию южнокорейских корейцев)"로 개명했다. 러시아에서의 명칭은 "사할린 남한동포 사회조직(Сахалинская общественная организация Ассоциация южнокорейских соотечественнико)"이다. 인터넷에 다음의 홈페이지(URL: http://homepy.korean.net/~sakhalink/www/)와 온라인 신문(URL: http://sakhalinews.co.kr/)을 지니고 있다. 대표는 설립 당시부터 현재까지 한국의 사업가 현덕수(Хён Доксу)가 역임하고 있다.

[67] "새고려신문(Сэ корё синмун)" 2018년 8월 10일자를 보시오. 또한 다음의 논문을 보시오. H. Andrey. Обращение председателя корейской общественной организации Пак Сун Ок по поводу строительства поминального комплекса и опровержение организации «Пусануриминджоксородопгиундон» (사할린 한인 추모관 건립에 사할린 한인협회(고려인동포) 박순옥 회장의 반대 호소문과 부산 우리민족 서로 돕기 운동의 반박문) // URL: http://sakhalinnews.co.kr/bbs/board.php?bo_table=koryo&wr_id=59&page=3

호소문

3만 1천 여 사할린동포를 대표하는 <사할린주 한인협회>는 우리의 정통성을 훼멸하며 사익을 취하려는 <사할린주 한국한인회>의 만행에 대해 존경하는 대한민국 국민 여러분과 사랑하는 사할린한인들에게 호소합니다.

조금 긴 글이지만 간곡히 일독을 부탁합니다.

2018년 7월 30일

사할린주한인협회장 박순옥
재외동포정책위원회 위원

1. 3만 1천 여 '사할린 한인'을 대표하는 단체는 <사할린주한인협회> 뿐입니다.

'사할린 한인', '사할린 동포'로 불리는 우리는 일제강점기 사할린으로 모집 및 징용되어 전쟁 종료 후에도 사할린에 잔류된 한국인과 그의 자손들입니다. 그리고 우리를 대표하는 단체는 1990년 러시아연방 사할린주 법무부에 공식 등록된 <사할린주한인협회> 뿐입니다. 우리는 지난 30여 년간 영주귀국, 유골봉환, 의료지원 등 대한민국 정부사업 보조업무를 비롯해 사할린 한인의 권익보호와 위상제고를 위해 혼신의 힘을 다해왔습니다.

그러나 최근, 재외국민 친목단체인 <사할린한국한인회(2013년 창립, 현재 회원 20-30명)>가 한국에서 사할린 동포를 대표하는 단체로 둔갑해 버렸습니다. 우리 사할린 동포들을 방문 및 지원하고자 하는 한국의 단체와 유명인사들에게 <사할린한국한인회>는 유사명을 이용하여 마치 사할린 한인을 대표하는 단체인 냥 행동하고 있습니다.

2. 무엇이 문제인가?

사할린에도 100여 명의 대한민국 국민이 거주하고, 이들이 모임을 만들어 자유롭게 활동할 권리는 물론 있습니다. 그러나 문제는 '사할린 한인'을 위한 대한민국 국민들의 선의와 관심을 <사할린한국한인회>가 사적 이익과 명예욕을 위해 악의적으로 이용하고 있다는 것입니다.

<사할린주한인협회>의 자리를 조금씩 넘어서던 <사할린한국한인회>

2015년 8월, 유즈노사할린스크시 제1공동묘지에 사할린한인위령비가 세워질 당시만 해도, 사할린주한인협회장의 이름은 빠지고 사할린한국한인회장 이름만 새겨진 것이 실수라 믿었습니다.

2017년 7월, ○○시 의원들의 사할린 방문 시 공항에 모여 기다리고 있는 동포들과의 약속을 사전통보 없이 어기고, 사할린한국한인회와의 만찬에만 참석한 것도 유사한 단체명에서 비롯된 오해일 것이라고 굳이 이해했습니다.

그러나 이 모든 것이 우연이 아니었음이 점차 드러나고 있습니다.

'사할린 한인'의 이름과 정체성까지 앗아가려 한다!

지난 5월, <사할린한국한인회>는 <사할린주한인협회>가 러시아 국적자들로만 구성되어 있으므로 명칭을 <사할린주고려인동포회>라고 변경해야 하며, 본인들이 <사할린주한인회>라는 명칭을 사용하겠다는 일방적인 통보를 해왔습니다.

기존 단체명과 중복되지만 않는다면, 자신들의 명칭을 어떻게 바꾸든 그것은 그들의 자유입니다. 그러나 그들이 우리 단체명을 <사할린주고려인동포회>라고 변경할 수 있는 권한은 없습니다. 러시아 학계에서도 정부에서도 '고려인'과 '사할린한인'을 엄연히 구분하고 있으며, 우리 역시 우리 조상들의 역사적 특수성을 잊지 않기 위해 '사할린한인'이라는 고유명사를 사용하고 있습니다.

누구를 위한 추모관인가?

올해 8월 말, 사할린에는 사할린 동포들도 알지 못하는 추모관이 건립될 예정이라고 합니다. 더욱 놀라운 것은 추모관이 <사할린한국한인회> 회장의 사유지인 '육산원'농장에 건립되었으며, 이를 계기로 방송프로그램을 기획하고 있습니다. 방송은 물론 그럴듯하게 역사탐방의 형식을 빌리고 있지만, 일정에는 '육산원 내 목축장 관람'도 들어있습니다. 또한 그는 추모관 근처에 숙박시설도 건립하여, 이 일정을 일종의 '힐링 프로그램'으로 이용할 뜻도 서슴지 않고 내보이고 있습니다.

사할린 한인들도 초청받지 못한 이 추모관 건립은 과연 누구를 위한 것입니까? 사유지에 건립된 추모관이 얼마나 정상적으로 운영될 수 있을까요? 우려되는 사실은 이뿐만이 아닙니다. 추모관에는 위패가 모셔질 예정이라고 합니다. 개인정보로서 우리 한인회에서도 보안을 철저하게 생각하는 사할린한인 희생자들의 명단은 과연 어떤 경로로 수집된 것이며, 무연고 희생자라는 이유로 어떤 동의도 없이 사용될 수 있는지 의문입니다.

3. 상주 자리마저 빼앗은 <사할린한국한인회>의 만행을 용서할 수 없습니다.

<사할린한국한인회> 회장이 사할린 한인을 대표하여 국내 유명 · 유력인사들과 가까워지고, 언론과 홈페이지에 그의 만행을 미화하여 대서특필하는 동안, 우리는 한국어가 부족해서, 한국에 우리를 알릴 힘이 없어서, '설마'하는 심정으로 그저 참고만 있었습니다.

하지만 '한겨레통일문화재단'과 '한겨레신문사'라는 국내 유력기관들마저 진실을 알지 못한 채, 선의를 악용하는 모습을 더 이상 묵도할 수 없습니다.

여러분이 기리고자 하는 일제강점기 징용자들의 후손은 <사할린한국한인회> 회장이 아니라, 바로 3만 1천 여 사할린동포를 대표하는 우리 <사할린주한인협회>입니다. 우리도 알지 못하는, 우리가 동의할 수 없는 우리 조상들의 추모관 건립행사는 있을 수 없습니다.

슬픈 역사의 틈새에서 잊혀진 '사할린 한인'을 기억해주시는 여러분께 호소합니다.

버젓이 존재하는 상주 자리를 탐하려는 이의 속내를 읽어주시기를 간곡히 바랍니다.

(러시아어 본은 4면에 게재)

사진 8. POOCK 회장의 한국어 호소문// 새 고려 신문. 2018년 8월 10일.

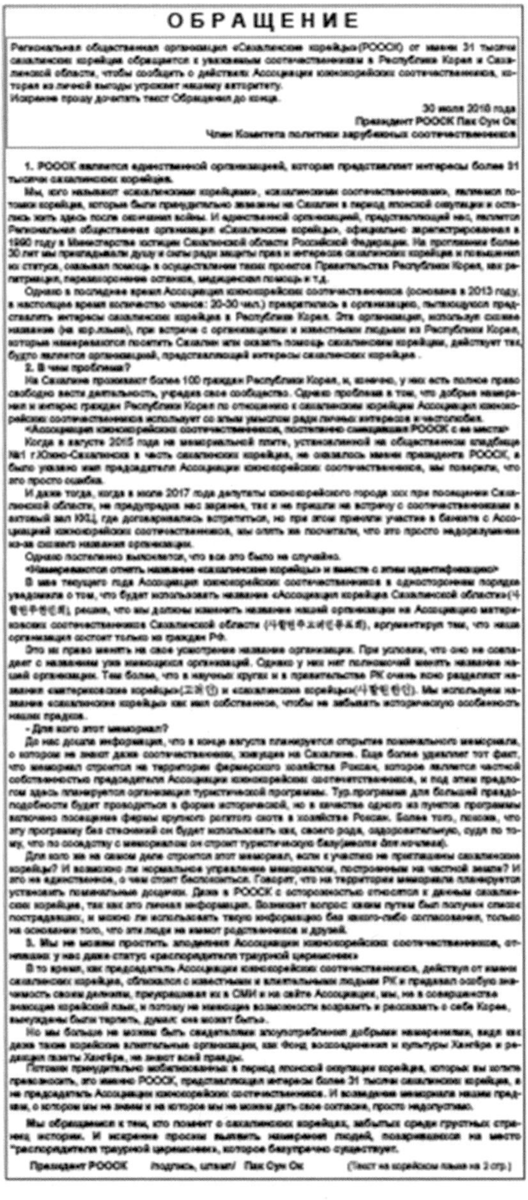

ОБРАЩЕНИЕ

30 июля 2018 года

Президент РООСК Пак Сун Ок

사진 9. РООСК 회장의 러시아어 호소문// 새 고려 신문. 2018년 8월 10일.

4. 사회 조직

사회 조직은 디아스포라 형성에서 중요한 부분이다. 사회 조직의 역할은 위에서 언급한 문제를 해결하거나 해결하지 못하거나 상관없이 대단히 중요하다. 본질적으로 사회 조직은 다양한 모습을 가져서 그것이 곧 디아스포라이고, 그 표현이며 기초이다. 따라서 사회 조직의 역사와 그 현재 상태에 대해 자세히 살펴보아야 한다.

1910년 - 1945년 가라후토 청이 존재했던 시기에 그곳에는 사회 조직이 실질적으로 존재하지 않았다. 한인의 이주는 노동 징용과 동원의 성격을 지니고 있었기에, 일시적 거주를 예상하고 있었던 것일 뿐, 장기간에 걸친 사회 조직의 설립을 예정하지 않았다. 사회 조직의 설립에 걸림돌이 되었던 것은 1937년부터 한인의 일본화 노선을 채택했던 조선총독부의 정책이었다. 중일전쟁의 발발 이후 국가 기관 내에서의 한국어 사용 금지령이 제정되었으며, 1938년부터는 학교에서의 사용도 금지되었다. 1940년 창씨개명 캠페인이 시작되었으며, 두 개의 중요한 한국어신문인 '조선일보'와 '동아일보'가 폐간되었다[66, p.263-264]. 이런 조건 하에 가라후토에서 그게 어떤 것이든 한인 주민을 위한 사회 조직은 존재하기 어려웠으며, 일본 당국의 직접적인 허락이 있어야만 가능했었다.

한국에서처럼 가라후토의 한인에 대한 일본 당국의 교육 정책은 일본화 노선으로 규정되었다. 가라후토에는 한인 학교가 단 한 곳도 없었다. 한인 어린이들은 일본 학교에 진학해야 했으며, 일본 어린이들과 함께 수업을 받았다. 학교에서의 수업은 일본어로만 진행되었으며, 한인 선생은 없었다(단 한 명의 예외는 에스토루 시에 위치한 공업고등기술 전문학교의 수학과 선생님이었다). 가라후토 청장의 명령에 따라 도요하라 시의 사범학교는 한인에게 입학을 허락하지 않았다. 가라후토 청의 각 도시와 지역 산하 학무과에 근무하는 사람 중에는 한인 출신이 단 한 명도 없었다[70, p.123-124]. 가라후토에는 한인들의 대중매체 역시 존재하지 않았다.

문서로 증명될 수 있는, 가라후토에 존재했던 유일하게 민족적 색채를 띠고 있었던 사회 조직은 정치연합 '교와카이(協和会)'였다. 이 연합은 회원이 많지 않았으며, 주로 한인과 중국인 주민들을 포함하는 단체였다. 이 조직의 활동은 일본 당국에 의해 통제되고 정향 지어졌으며, 일본의 통치 이익을 위해 봉사했다. '교와카이'는 '대동아공영권' 수립 이념을 적극적으로 선전했으며, 사회질서 유지에 부응했는데, 특히 질서유지 기능은 일본 헌병 및 경찰과의 긴밀한 접촉 속에서 이행되었다. 가라후토 청장이 '교와카이'의 업무를 관할했다. 이 조직은 일본이 항복하는 순간까지 존재했다.[68]

이처럼 가라후토 한인 공동체의 형성 조건 속에서 민족 정체성을 표명하는 형태의 사회 조직은 매우 한정적 모습으로 활동했으며 일본 당국의 완전한 통제를 받고 있었다.

남 사할린과 쿠릴열도에 소비에트 정권이 수립된 후 새로운 정치 및 국가 체제는 구 가라후토에 살았던 한인 주민들의 생업에 새로운 조건들을 강요하기 시작했다.

1917년 10월 혁명 이후 새로운 소비에트 국가에서 소수민족과의 상호관계는 가장 중요한 사안 중 하나였다. '민족자결권'은 집권한 볼셰비키 정당이 내건 두 개의 슬로건 중 하나였다. 이 슬로건이 내전에서 볼

---

68) ГИАСО. Ф. Р-171. Оп. 3. Д. 4. Л. 8.

셰비키가 승리할 수 있도록 도와주었던 것은 물론, 불가피한 것으로 여겨졌던 정치적 탈식민지화 과정에서 구 러시아제국의 영토적 완전성을 많은 면에서 보장해 주었다. 민족 정책은 가능한 민족 간 충돌의 조정은 물론, 새로운 중앙집권국가의 건설을 보장해야만했다.

이런 목적에서 소비에트 당국은 수십 개의 대규모 민족 공화국을 수립했을 뿐만 아니라, (주, 관구, 지역, 마을위원회 등) 수천 개의 민족영토 조직을 설립하여 소비에트의 모든 곳에 존재하도록 만들었다. 새로이 설립된 각 민족영토 조직의 정부, 학교 그리고 산업체에서 지도자 지위에 필요했던 새로운 민족 엘리트들이 양성되었다. 이런 각 민족영토 조직의 영토 내에는 민족 언어가 당국의 공식 언어로 지정되었다. 많은 경우 이것은 과거에 존재하지 않았던 문자체계를 수립하게 되었다. 소비에트 정부는 각 민족 언어로 이루어진 문화의 발전에 부응하면서 서적, 잡지, 신문 등의 대규모 출판 그리고 영화, 오페라, 박물관, 민족음악 협주단 등을 지원해주었다[73, p.88].

스탈린은 민족문화가 스스로 사라져, 국제 사회주의 문화의 기초가 수립되려면 민족문화의 최대 발전이 불가피하다는 것으로 위의 정책을 설명했다[73, p.92]. 그러나 1930년대 말 이 정책에 일정한 변화가 있었는데, 특히 수많은 소규모 민족영토 조직이 폐지되었다.

유즈노사할린스크 주 민간행정부의 첫 번째 조치는 획득된 지역의 경제 및 행정적 생활의 효율화에 맞추어져 있었다. 정치체제의 교체가 이루어졌으며 경제 시설에 복구되었고 소비에트 시민의 사할린 이주가 시작되었다. 사할린과 쿠릴열도 내에 있는 소비에트 행정부의 활동에서 중요한 부분은 전쟁 전까지 각 도서에서 살았던 일본인과 한인이 다수를 구성하는 주민들과의 상호작용이었다.

소비에트 국가의 민족 정책에서 소비에트 당국 면전에 제기된 과제 중 하나는 일본과 한인 주민들을 이데올로기적으로 그리고 정치적으로 계몽시키고, 어린이 및 무교육자들을 교육시키는 것이었다. 이런 과제를 실현하는데 맞춰진 민정의 첫 번째 조치가 민족학교의 개교였다. 일본인의 송환 완료 후 일본 학교는 폐교되었으며, 한인 학교도 1963년까지만 운영되었다.

1945-1946년 7학년제의 한인 초등학교는 다음과 같은 도시에 개교되었다. 혼토(네벨스크)에 1개교(학생 수 151명),[69] 도요하라(유즈노사할린스크)에 1개교(학년도 시작 때 학생 수가 183명, 학년도 끝날 때 196명), 오치아이(돌린스크)에 2개 학교(학년도 시작 때 학생 수가 390명, 학년도 끝날 때 280명), 시루토루(마카로프)에 2개 학교(학년도 시작 때 학생 수가 465명, 학년도 끝날 때 376명. 다음 학년으로 348명이 진학하고, 유급이 28명이었다[70]), 시쿠카(포로나이스크)에 4개 학교(학년도 시작 때 학생 수 56명, 학년도 끝날 때 104명[71]). 레소고르스크 지역에는 한인 학교 4개가 운영되었으며, 학년도 시작 때의 학생 수가 296명, 학년도 끝날 때 288명[72]이었다. 이 학교들은 시작단계에서는 일본 체제에 따라 운영되었다.

1948-1949년 한인 초등학교는 62개였으며, 7년제 학교는 12개였다.[73] 이후 6개 학교는 계속 확장되고 발전해서 1950년에는 최대 87개의 한인 학교(50개의 초등학교와 37개의 7년제 학교)가 운영되었으며, 학생 수는 7천 명이었다.[74]

---

69) ГИАСО. Ф. 143. Оп. 1. Д. 3. Л. 48–48об.
70) Там же. Л. 54–54об.
71) Там же. Л. 60–60об.
72) Там же. Л. 57–57об.
73) ГАРФ. Ф. А-2306. Оп. 71. Д. 1568.
74) ГИАСО. Ф. П-4. Оп. 1. Д. 639. Л. 41.

콘스타노프와 포들루브나야는 자신의 논문에서 한인 학교와 한인 학교 학생 수에 대한 수치를 다음과 같이 보여준다. (표 7)

표 7. 1945년 - 1963년 사할린 주 한인 학교 네트워크의 발전[43, c. 8]

연도	1945	1956	1947	1949	1950	1955	1958	1963
초등학교	27	28	28	55	57	32	17	10
단기 중학교	–	8	11	13	15	22	13	11
중학교	–	–	–	–	–	–	11	11
총 학교 수	27	26	39	68	72	54	41	32
총 학생 수	2,300	3,000	3,137	4,692	5,308	5,950	7,214	7,239

1947년 1월에 한인 학교의 교육 체계가 일본식에서 소비에트식으로 변경되기 시작했다. 러시아어 교육이 1-3학년에게는 주당 12시간, 7-8학년 학생들에게는 매일 2-3시간씩 진행되었다. 예전처럼 학교가 부족해서, 110명의 어린이들이 교육의 기회를 상실했다. 수업은 몇 차례 교대로 진행되었다. 학업 성취도가 80%에 달하지 못하여, 모든 7-8학년은 유급을 해야 했고, 6학년은 졸업도 못한 채, 학교에 나오지 않았다.[63, p 253].

초기에는 숙련도가 낮고 소비에트 교육 시스템에 익숙하지 않았던, 예전에 일본 학교에서 교육을 받았던 사람들이 한인 학교의 선생에 임명되었다. 이런 선생들의 상당수를 교체하기 위해, 그리고 한인 학교 네트워크를 확대하기 위하여 소연방 공산당 주당위원회는 우즈베키스탄과 카자흐스탄에서 소비에트 한인들을 데리고 왔다.[75] 한인 학교는 필수 교과서와 교사용 참고서의 부족, 그리고 예전 일본 학교의 낡은 건물에 배치되는 등의 문제점들을 경험하고 있었다[43, p. 9-10].

---

75) ГИАСО. Ф. П-4. Оп. 1. Д. 639. Л. 41

1958년 교육부가 사할린 주 내 한인 학교에서의 러시아어 수업 진행 상황을 점검했다. 검사 결과 교과서와 교사용 참고서가 심각하게 부족하고, 교육 프로그램 역시 충분히 개발되지 못한 것으로 밝혀졌다.[76]

교과서와 숙련된 교사 그리고 편안한 건물의 부족이라는 시급한 문제 외에도 사할린 행정부는 교육사업의 사상과 정치적 관리에 관한 문제를 걱정하고 있었다. 학교는 어린이들에게 지식 제공은 물론, 가치 있는 소비에트 형 인간으로 변경시키고, 당시 소연방에서 공식적으로 승인된 가치와 신념을 가르쳐야만 한다고 여겨졌다. 당 기관은 교육의 이념적 구성 요소에 특별한 관심을 기울였다. 사할린 주당위원회의 한인 학교 감독관의 추가 임명에 관한 진정서가 1952년 소연방 공산당 중앙위원회 서기 말렌코프(Г.М. Маленков) 앞으로 발송되었다. 이런 조치의 필요성은 학교에 "필수불가결한 교육학 및 정치적 훈련을 받지 못한 교사들의 수가 다수" 존재하는 것으로 설명된다.[77]

많은 어려움에도 불구하고 한인 학교는 사할린 한인들의 계몽과 사할린 한인 디아스포라가 소비에트 사회의 생활에 적응하는데 중요한 역할을 했다. 1962년 주 인민교육과는 러시아 공화국 교육부에 사할린 주 한인 학교에서의 교육을 러시아어로 진행하자는 제안서를 제출했다. 교육부는 이 문제를 현지에서 해결하라고 권고했다. 사할린 주당위원회의 1963년 5월 13일자 결정 №169에 의하여 한인 중학교는 일반적인 8년제 학교로 재조직되었다. 한인 8년제 학교와 초등학교 모두 러시아어로 교육을 진행했다. 두 개의 한인 청년노동자 야간학교 역시 러시아 학교에 합병되었다[43, p. 18].

1963년 한인 학교의 폐교 원인은 충분하지 못한 준비된 교육 요원,

76) ГИАСО. Ф. Р-143. Оп. 1. Д. 218. Л. 1–3.
77) ГАРФ. Ф. Р-5446. Оп. 86а. Д. 10325. Л. 9.

교과서와 교사용 참고서 그리고 한국어 문학서의 부족, 한인 학교를 졸업한 한인 청년들이 소비에트 고등 교육기관에 진학할 수 없었다는 점, 러시아어에 익숙하지 못해 고급이나 중급의 특수 교육을 받을 수 없었다는 점 등에 있었다.

소비에트 행정부는 성인 한인 내에서의 문맹퇴치를 위해서 또한 적지 않은 노력을 기울였다. 1958년 사할린 주 주민의 문맹을 검사한 결과 6,016명이 문맹이었으며, 그 중에서 한인이 1,469명이었다. 한인 문맹 중 여자가 약 70%였다. 또한 검사관에 의해 5,147명이 문맹에 가까운 것으로 밝혀졌는데, 그 중 한인이 573명이었다.[78]

문맹을 교육하기 위해 교사, 당과 콤소몰 활동분자 중 960명 이상의 사람들이 동원되었다. 한인을 교육하기 위해 특수 교재가 한국어로 제작되었다.[79] 문맹 및 문맹에 가까운 사람들 중 6,538명이 교육을 이수했다. 문서보관소 자료에 따르면 홈스크, 리브노프스키(Рыбновский), 토마린스키(Томаринкий), 레소고르스키 그리고 시로코파드스키(Широкопадский) 지역에 있는 거의 모든 문맹들이 교육을 이수했다. 대규모의 설득 작업이 진행되었음에도 불구하고 330명은 건강, 약한 시력 또는 청력 그리고 다른 물리적 문제를 이유 삼아 교육 이수를 거부했다.[80]

한인들의 여가 활동 조직 역시 소비에트 행정부의 민족 정책을 구성하는 중요한 요소 중 하나였다. 그 뒤에 따른 바와 같이 상응하는 이데올로기적 내용으로 여가활동의 내용을 채우려했다. 1947년 주 필하모니 내에 한인 콘서트가극 협주단과 연극 팀이 창단되었다. 1948년 5월

---

78) ГИАСО. Ф. П-4. Оп. 63. Д. 2. Л. 21–22.
79) Там же.
80) Там же. Л. 232.

사할린 주위원회의 문화 분과는 위의 두 조직을 바탕으로 한인 이동극장을 창설한다는 결의를 채택했다. 1949년 11월 유즈노사할린스크 시의 하바로프스카야(Хабаровская) 거리와 크류코프(Крюков) 거리가 만나는 교차로에 있는 예전 일본 영화관이 한인 이동극장에 양도되었다.[81] 극장의 공연 목록에 한국 고전문학 작품과 소비에트 작가의 각본도 포함되었다. 극장 공연목록은 당연히 검열기관의 엄격한 검열을 받았다.

그 시기에 사할린 한인들을 위한 민족 극장의 개관과 운영은 그 사실 자체만으로도 주목할 만한 것이었다. 한인 디아스포라의 수가 사할린 한인 디아스포라보다 몇 배나 더 많았던 우즈베크공화국 내에도 당시에는 민족극장이 없었다는 점에서 의미심장하다. 당시 소비에트의 지도자들은 우즈베키스탄과 카자흐스탄의 한인들이 민족 문화 발전의 최대치를 넘어, 초 민족 사회인 '소비에트 인민'에 성공적으로 합류되었다고 판단했다.

1958년 사할린 주위원회 현지 문화관리부는 "극장이 매월 연극목록을 갱신할 수 있는 상황이 아니며, 상당한 유휴 시간이 필요하다"는 것을 인정할 필요가 있었다.[82] 사할린 주에 한인이 이주한 지점과 클럽 장소들이 늘어난 게 아니라, (주로 북한 출신의 노동계약으로 사할린에 와 있었던)한인들이 출국하면서 오히려 줄어들었다. 한인 극단이 출연했던 장소가 16개였으나 상연 기간은 1년에 1달이 약간 넘는 정도였다.[83] 극장에서는 주로 상연된 것은 러시아 예술 작품이었고 막대한 재

---

81) Цупенкова И.А. Забытый театр (Из истории Сахалинского корейского драматического театра. 1948-1959 гг.) // Вестник Сахалинского музея. 1997. № 4. С. 208-209.

82) Там же. Л. 14–15.

83) Там же.

정적 적자를 내고 있었음을 고려하여, 극장 운영진은 "재정 계획을 이행하고 새로운 상연목록을 준비하며, 창작 작품의 교환 및 한인에 봉사하기 위해" 우즈벡공화국 내 한인 극단의 순회공연을 주 소비에트의 집행위원회에 요청했다.[84]

사할린 주 집행위원회는 이런 조건을 고려하여 1959년 7월 1일부터 한인 가무단을 재조직한다는 결정을 내렸다. 8월 1일부터 한인 연극극장 건물에 한인문화의 집이 개관되어, 그곳에서 예술인 서클이 활동했다. 그에 더해 한인 콘서트가극 협주단 역시 길지 않은 시간동안 존재했다. 즉 그 협주단과 협주단의 선조 격이었던 한인 극장 모두 불필요하고 수익성이 나쁘다는 이유로 폐쇄되었다[100, p. 212].

대중매체 수단에 관한 문제 역시 소비에트 당국의 관심을 받지 않을 수 없었다. 1949년 6월 1일부터 하바롭스크 시에서는 '조선노동자'라는 신문이 일주일에 3회 7,000부를 발행되기 시작했다[114, p.307]. 1950년 신문 편집부가 유즈노사할린스크로 이전되었다.[85] 신문의 발행부수가 처음에는 10,000부까지 늘어났다가, 나중에 일주일에 5회 발행되면서 12,000부로 증가했다.[86] 1961년부터 이 신문이 '레닌의 길로'로 개명되었다가, 1991년에 '새고려신문'으로 재차 개명되었다. 소비에트 시기의 모든 신문들이 그랬던 것처럼, 이 신문 역시 엄격한 검열 하에 소비에트 체제의 이념과 정치 선전에 종사했다.[87]

사할린의 한인 신문은 여러 역경에도 불구하고 한인 학교와 한인 극

---

84) Там же. Л. 16.
85) ГИАСО. Ф. 53. Оп. 25. Д. 1666. Л. 7.
86) ГАРФ. Ф. Р-5446. Оп. 86а. Д. 10325. Л. 2.
87) 한인신문의 역사에 관하여 보다 자세한 내용은 최근 '새고려신문'의 70주년 기념으로 발간된 소책자를 보시오. – «새고려신문(Сэ корё синмун)» – 70/(우리에 관하여)О нас. Южно-Сахалинск, 2019. 12 с.

장보다 더 오래 생존했다. 소연방의 해체와 그 뒤를 이어 따라온 사회생활 모든 영역에서의 민주화라는 조건 하에 이 신문은 새로운 환경 속에서도 자신을 보호하고 생존할 수 있었다. 1995년부터 러시아어로 기사가 게재되었다. '새고려신문'은 한국어와 한인 문화의 보존, 발전 그리고 부흥을 위한 주요 수단으로 현재까지도 남아 있으며, 한인 디아스포라와 관련된 중요한 문제와 사건들이 이 신문을 통해 조명되고 있다.

1956년 사할린에서 한인 라디오 방송이 시작되었다. 일주일에 여섯 번, 매 30분씩 한국어로 국내 생활에 관한 타스(ТАСС) 통신의 소식, 지역 사건, 체제 선전용 방송, 북한과 소련의 음악 등을 전해주었다. 1963년 라디오 편집부원들이 유즈노사할린스크의 콤소몰스카야(Комсомольская) 거리에 있는 라디오 방송을 위해 특별히 신축된 건물로 이주하여 현재까지 그곳에 남아 있다[55, p. 197].

1952년 소연방 공산당 사할린 주당위원회는 사할린 주 한인들과의 업무를 위해 추가 대책을 실행했다. 1951년 10월 1일부터 농업 협동조합과 어업 집단농장에서 한인들을 받아들이기 시작했으며, 많은 산업체에서 한인 노동자 회의가 개최되었다. 정치서클, 문맹퇴치서클 등의 설립하기 위한 작업이 적극적으로 진행되었으며, 한인 내에서의 정보기관 활동이 강화되었다. 사할린 주의 당, 소비에트, 노동조합, 콤소몰 기관과 농업 조직 등은 당시 해결되지 않은 문제, 즉 '소연방 공산당 약사', 레닌과 스탈린 전기에 대한 학습서클 조직의 문제, 기술교육 및 한인 노동자 숙련도 제고를 위한 조직, 지역 노동조합 상임위원회 업무에 최고의 한인 생산자를 참여시키고 그들을 장려하기 위한 조치, 개인 텃밭의 형태로 토지 일부를 근로자 한인에게 배분하는 것 등에 대한 명령이 하달되었다.[88]

---

88) ГАРФ. Ф. Р-5446. Оп. 86а. Д. 10325. Л. 6–7.

한인 주민에 관한 업무를 개선하기 위해 사할린 주위원회는 한인 노동자들을 노동조합, 민간단체나 스포츠 단체의 요원으로 채용하는 것, 체력검정기준(ГТО)과 소년체력검정기준(БГТО) 합격증 교부를 허락하는 것, 한인 학교 내에 피오네르 조직 창건, 한인들의 소연방 국채 가입 허락 등에 대한 재가를 소연방 공산당 중앙위원회에 요청했다. 그러나 당국은 보다 가혹한 통제 방법도 병용했다. 즉 그 당시 사할린 주 산하 국가안전부 관리처는 소연방 국가안전부에게 요원들을 지원해주고 사할린으로 비상위원회(ЧК. KGB 전신 - 역주)의 한인 위원 6명과 각 시 및 지역에 위치한 국가안전부 지부의 지부장을 담당할 유능한 비상위원회 위원 4-5명을 각각 파견해 달라고 요청했다.[89]

41089 부대의 일본식 낡은 병영 건물인 포로나이스크 시 보스토치나야 거리 37호[90]에 1952년 러시아 분과와 한국 분과로 이루어진 사범학교가 설립되었다. 한국 분과에는 63명(여성 23명 포함)이 2개 그룹으로 입학하였다.[91]

포르나이스크 사범학교는 1955년 우골나야 거리 54호[92]로 이사했고, 거기서 1학년 30명, 2학년 37명, 3학년 47명, 4학년 31명(전체 145명 중 여성 62명)이 공부했다.[93]

1956년 소연방 각료회의 명령 №173-pc에 의거하여 소련 시민권을 보유하지 못한 한인 청년들이 고등교육기관 및 중등 전문교육기관에 진학할 수 있는 권리를 획득했다[55, p.178]. 1958년 한인 분과가 유즈노사할린스크 시에 위치한 유즈노사할린스크 사범학교로 이전되었다

89) Там же. Л. 1–5.
90) ГИАСО. Ф. Р-143. Оп. 1. Д. 198. Л. 15.
91) ГИАСО. Ф. 143. Оп. 1. Д. 72. Л. 182, 201.
92) ГИАСО. Ф. 143. Оп. 1. Д. 111. Л. 68.
93) ГИАСО. Ф. 143. Оп. 1. Д. 111. Л. 65.

[114, p. 195].

1956년 사할린 당국은 소비에트연방 공산당 중앙위원회에 다음과 같이 보고했다. "지난 기간 동안 취해진 조치와 관련하여 한인 주민들의 정치적, 문화적 수준이 현저히 높아졌습니다. 주에 거주 중인 한인들의 정치적 성향은 전체적으로 건강합니다. 동시에 한인들 대부분은 정치적, 문화적으로 아직 뒤떨어졌고 그들에게서 과거의 분위기와 생활의 잔재가 종종 드러납니다. 특히 여성은 정치, 문화에서 모두 뒤처져 있습니다. 한인 여성 대부분은 사회적으로 유용한 활동을 하지 않습니다. 많은 여성이 가정에서 불평등한 입장에 있으며 두문불출합니다. 미성년 여자아이들을 돈을 받고 시집보내는 경우도 볼 수 있습니다. 사할린에 한인 여성이 남성보다 훨씬 적고, 이런 조건에서 한인 남성들이 가족을 이루는 것이 매우 힘들기 때문에 이런 현상이 발생하는 것으로 볼 수도 있습니다."[94]

그러나 이런 조치에도 불구하고 1958년 소연방공산당 사할린 주당 위원회는 다음과 같이 근심스럽게 보고했다. "사할린 한인 주민 사이에는 과거의 잔재들이 아직까지도 강하게 남아 있습니다. 일부 한인들 그리고 특히 여성들의 부족한 자각을 이용하여 무당이나 주술사 같은 식의 수상한 사람들이 무지함을 조장하고 한인 노무자들을 강탈하면서 비밀리에 활동하고 있습니다. 부모가 돈을 받고 자기 딸을 결혼시키는 경우도 있습니다. 모르핀 중독, 아편 흡식, 무모한 도박 등이 한인들 사이에서 지나칠 정도로 확산되어 있으며… 한인 노동자를 상대로 한 당 기관의 교육 작업은 아직도 심각하게 부족한 상태입니다. 이것은 극동에서 한국어와 일본어 라디오 방송을 통해 반 소비에트 선전이 강화되

---

94) РГАНИ. Ф. 5. Оп. 32. Д. 52. Л. 19.

고, 많은 한인들이 그 적대적 방송을 꾸준히 청취 중인 것으로 밝혀진 최근 들어 특히 눈에 띕니다."[95]

사할린 주 행정부는 소비에트 당국에게 썩 달갑지 않은 이런 과거의 잔재를 근절하고자 다수의 한인들이 거주 중인 지역에 총 7개의 한인 도서관을 개관하여 한국어로 된 작품을 더 많이 판매했으며, 정치와 과학 지식 보급단체에 의해 강의 선전을 실행하는 섹션이 조직되었다. 소연방 각료회의 결의에 의거하여 다자녀 어머니와 미혼모인 1,400명의 한인 여성들에게 국가 수당이 배당되었다.[96] 한인 소년 소녀들을 콤소몰 조직에 보다 적극적으로 참가시키고, 그들 내에서의 정치적 작업을 강화하며, 청년들을 통해서 성년 한인들 내에 존재하는 부정적 현상과 투쟁한다는 결정이 내려졌다. 이로써 한인들의 생산 활동과 정치활동이 제고되고 소비에트 시민권을 받으려는 활동이 확연하게 활성화될 것으로 예상되었다.[97]

소비에트 정부가 한인과 관련하여 사할린에서 실행한 이 막대한 업무를 정당하게 평가하면서, 상기할 필요가 있는 것은 모든 사회 조직들이 국가권력기관의 직접적인 허락을 받아야만 존재할 수 있었으며, 소수민족을 상대로 국가가 수행 중인 정책 방향 내에서 행동해야만 했다는 사실이다. 심지어 자체적으로 발생한 조직이 공식 이데올로기와 기존 체제에 직접 도전하지 않은 경우에도, 자유 의지와 자기 조직화는 환영받지 못했거나 직접적인 억압을 받았다.

예를 들어 박현주는 자신의 저서 '사할린으로부터의 현지 보고'에서 1950년 한인 활동분자에 의하여 마카로프, 고르노자보드스크, 유즈노

---

95) ГИАСО. Ф. П-4. Оп. 63. Д. 2. Л. 41–43.
96) Там же.
97) Тем же.

사할린스크, 네벨스크 등지에 설립된 지하공산당에 관해 언급했다. 이 조직은 반 소비에트 활동을 하지 않았으며, 오직 한인들이 모국으로 돌아갈 수 있도록 도움을 주기 위해 설립되었다. 그러나 이미 1950년 8월부터 경찰 기관들에 의하여 당 활동분자들이 체포되기 시작했다. 이들은 수용소 10년형에 처해졌으며, 당은 해체되었다.

주도권을 장악하고 당국의 통제를 받지 않는 사회 조직을 설립하려는 한인들의 노력은 소비에트 행정부 내에서 적지 않은 혼란을 야기했다. 예를 들어 1952년 사할린 주위원회는 모스크바에 다음과 같이 보고했다. "사할린 주 내의 기업 및 기관에 2만 1천 명이 넘은 한인들이 취업해 있으며… 그들 내에서 적극적인 사회생활 지향이 관측되고 있으나, 그들에게는 다양한 소비에트 사회 조직에 진출할 수 있는 권리가 없으며 심지어 노동조합의 상조기금에 가입하는 것도 허락되지 않았습니다. 이런 상황들이 많은 한인들로 하여금 자신들의 특수한 조직, 집단, 모임, '상조 지원 친목회' 같은 것을 만들도록 자극하고 있습니다. 한인 노동자들을 사회 정치 생활로 유인하고, 더욱 적극적인 생산 활동에 참가시키면서 특수한 민족 조직을 설립하려는 바람을 갖지 않도록 한인들을 노동조합 회원으로 받아들이도록 허락해 주시길 요청합니다."[98]

1958년 유즈노사할린스크에 한인 청년들이 주도한 그룹(1976년에 역사학 박사학위 논문심사를 통과한 이병주가 청원에 서명을 한 사람 중 한 명이었음)은 여가 선용을 위한 한인클럽의 조직 문제를 주 행정부에 문의했다.[99] 청원은 "한인들은 기업, 기관에서 러시아인들과 함께 근무하고 있으며, 심지어 그들과 동등한 권리에 기초하여 노동자 클럽, 극장 그리고 주 연극극장을 이용할 수 있다."는 이유에서 거부되었다.

---

98) ГАРФ. Ф. Р-5446. Оп. 86а. Д. 10325. Л. 4–5.
99) ГИАСО. Ф. 53. Оп. 25. Д. 1666. Л. 10.

소비에트 당국이 한인 주민들 내에서 (특히 전후 첫 시기에)한 많은 일들이 확인된다. 그 결과 민족 학교, 신문, 라디오, 회합 등과 같은 다양한 사회 조직들이 한인 디아스포라에 막대한 영향을 주기 시작했다. 그러나 물론 이 모든 것이 소연방의 민족 정책 방향에 입각하여 실행되었으며, 사회 조직은 공산당과 국가 치안담당 기관들의 엄격한 통제 하에 존재했다. 그런 면에서 당시 상황은 일본 당국의 엄격한 통제 하에서 존재하고 활동했었던 가라후토 청의 통치시기를 상기시키고 있다.

페레스트로이카 시기, 소연방의 해체와 연관된 사회관계의 민주화, 역사적 모국과의 외교관계 수립과 확대 이후 사할린에서 한인 사회 조직의 발전은 새로운 단계에 접어들었다. 민주화와 1당 체제의 붕괴 그리고 이데올로기적 상황에서의 변화와 관련하여 국가 민족적 기초에 입각한 조직을 포함하여 다양한 사회 조직을 설립할 수 있는 가능성이 등장했다. 사할린 한인 디아스포라는 이런 가능성을 최대한 이용했다.

사할린에서의 변화는 1980년대 말에 시작되었다. 1989년 6월 최초의 "사할린 한인 이산가족 협회"[100]가 공식적으로 등록되었는데, 이 협회의 탄생은 유명한 사할린 한인 박수호(미하일 이바노비치)[101]와 관련이 있다. 단체는 1989년 6월 22일에 공식적으로 등록되어 헌장이 승인되었다. 이 단체의 창립과 더불어 다음과 같은 사건들이 동반되었다.

미하일 이바노비치는 1988년 대한민국의 수도 서울에서 개최된 하계올림픽 소비에트 대표단의 일원이었다. 방문 기간 동안 그는 "중-소

---

100) 1989년에 공식적으로 등록되었다. 실제로 사할린 한인들의 최초의 합법적 사회조직인 이 단체가 실제로 활동한 것은 등록 1년 전인 1988부터이다. 처음에는 사할린 한인들의 지역적 사회조직의 명칭을 지니고 있었으나, 후일 사할린 한인 이산가족의 주(州) 지역 사회조직(POOO PCCK)으로 개명되었다.

101) 박수호(Бок Зи Коу, 1929–2009) – 유명한 사할린의 학자, 경제학 박사, 경제학 대박사(доктор), 국립사할린대학교 동방학 및 아프리카연구소 창립자이자 소장. 저서 "사할린의 한인들"의 저자. 노동베테랑.

이산가족회"(대한민국)의 이두훈 회장을 만나 사할린에서 자신의 친척을 찾는 한국인 474명의 명단을 받았다. 이 명단 및 이두훈과의 만남이 사할린 한인의 이산가족 사회단체 창설의 기반이 되었다[14, p. 187].

사진 10. 사할린 한인 문제에 대한 워크숍. 왼쪽에서부터 대구 시 이산가족회 회장 이두훈, 일본인 변호사 다카기 겐이치, 사할린 학자 박수호, 사할린 이산가족 협회 회장 서윤준.

한국에서 사할린으로 돌아온 박수호는 1988년 12월 27일 전소연방 공산당 지역위원회 제1비서 본다르추크(В.С. Бондарчук)에게 편지를 보냈다. 그는 편지에서 유즈노사할린스크에 "한국과 사할린에 살고 있는 친척들의 만남을 추진하기 위한 단체"라는 사회 조직을 만들 필요가 있다는 점을 지적했다. 이 조직의 주요 목표는 한국에 사는 친척을 찾고, 그들과의 서신을 왕래하며, 사할린과 한국에서의 상봉을 추진하고, 일본이나 한국의 관련 단체들과 협력하는 것이었다[14, p. 144-145].

1989년 1월 말 소비에트연방 공산당 유즈노사할린스크 시위원회에서 지역 당 조직의 지도자들과 한인들 간의 만남이 이루어졌다. 본다르추크, 박수호 및 다른 지역 기관장들이 참석한 이 만남에서 민족 관계의 당면 문제와 한인들의 관심사가 제기되었다. "소비에트 사할린" 신문은 이 모임을 자세히 다루었다[69, p. 2-3].

사전 작업을 마친 후 1989년 6월 22일 사할린 주 한인 이산가족 협회의 규정에 관한 인민대표 주 소비에트 집행위원회의 결정[102] № 160이 등록되었다. 협회의 주요 목표는 사할린 한인들이 한국과 일본에서 친척을 찾는 일을 돕고, 그들이 거주 중인 국가에서의 상봉을 지원하는 것이었다.[103] 창립 대회에서 서윤준이 협회의 회장으로 선출되었고, 박수호는 고문을 맡았다.[104]

사할린 주 한인 이산가족협회는 현재까지 존재하며 권위 있는 사할린 한인 단체 중 하나이다. 협회의 최근 활동에는 2세대 및 3세대 한인들에게 대한민국에서의 정착 의지에 관한 설문조사를 실시한 것이 있다. 설문조사는 사할린 한인 사회에 큰 흥분을 가져왔고 언론과 러시아 정부의 관심을 끌었다. 사할린 주 한인 이산가족 지역 조직의 권위는 이 조직의 대표 박순옥(옥사나 블라디미로브나)이 사할린 한인 디아스포라의 중앙 조직의 지역 사회 조직인 "사할린 한인"의 대표로 선출되면서 확인되었다.

단체는 일본이나 한국의 관련 단체와 관계를 형성했다. 사할린 한인들과 해외(사실상 일본과 한국)에 있는 친척들의 상봉을 조직하는 것에

---

102) 인민대표 주 소비에트 집행위원회 - 사할린 주정부의 전임 사할린 주 최고 행정기구.

103) ГИАСО. Ф. 53. Оп. 1. Д. 2913. Л. 59-62.

104) ГИАСО. Ф. 53. Оп. 1. Д. 2913. Л. 65-67.

대한 합의에 서명했다. 단체는 이미 1990년 2월 8일 "대한항공(KAL)"의 "보잉-727"기를 전세기로 확보하여 120명의 사할린 한인 1세대를 태우고 서울과 유즈노사할린스크 노선을 운행했다. 단체가 5년 동안 활발한 활동을 벌인 결과 4,914명의 사할린 한인 노인들이 역사적 조국을 방문할 수 있었다.

첫 번째 조직이 등록된 후, 다양한 목표를 가진 다른 단체들도 설립되기 시작했다. 1989년 12월 19일 사할린 주 집행위원회가 주 한인 문화 센터 설립에 관한 결정 № 318을 등록했다.[105] 동시에 문화 센터의 규정도 등록했다. 현재 한인 문화 센터는 유즈노사할린스크 시 미르 대로 836(b)에 자기 건물을 지니고 있다(일본 정부가 건설비를 제공했다).

1990년 3월 24일에 사할린 주 도시와 마을의 한인 주민들과 함께 활동하는 소비에트 대표단이 참석한 상태에서 사할린 한인협회 창립회의가 개최되었다.[106] 회의에서 사할린 한인협회의 창립 문제, 규정과 프로그램 채택, 임원진과 회장 그리고 감사위원 선출, 전소연방 소비에트 한인협회 창립 등의 문제를 다루었다. 한인 문화 센터 소장인 김미운이 1대 회장으로 선출되었다[112].

1992년 3월 1일을 기점으로 사할린 한인협회의 21개 분과가 사할린 주의 거점 지역에서 활동하고 있다. 박수호는 다음과 같은 분과의 명단을 보여준다.

---

105) ГИАСО. Ф. 53. Оп. 1. Д. 2921. 259 л. Л. 67.
106) 현재 이 협회는 "사할린 한인"의 지역사회조직(POOCK)으로 불린다.

표 8. 1992년 3월 1일 자 사할린 한인협회(ACK) 분과 대표 명단[107]

No. п/п	지역	한인 주민 수	사할린 한인협회 대표자의 성명	주소	전화번호
1	아니바(Анива)	833	윤힌만 (Юн Хин Ман)	694030, Анива, у л. Вокзальная, 57	5-26-31 (자택)
2	비코프(Быков)	950	김상수 (Ким Сан Су)	694062, п. Быков, ул. Полевая, 3а	2-03 (직장), 3-41 (자택)
3	고르노자보츠크 (Горнозаводс к)	984	강동수 (Кан Дон Су)	694760, Горнозав одск, ул. Советс кая, 40, кв. 32	1-27 (자택), 3-11 (직장), 3-76
4	돌린스크 (Долинск)	1664	이영환 (И Ен Хван)	694070, Долинск, 1-й Степной пе р., 1	2-33-82 (직 장), 2-12-95 (자택)
5	코르사코프 (Корсаков)	3840	리기철 (Ли Ги Чур)	694000, Корсако в, ул. Флотска я, 50, кв. 43	2-33-82 (직 장), 2-12-95 (자택)
6	크라스노고르스크 (Красногорск)	615	홍영호 (Хон Ен Хо)	694850, Красног орск, ул. Набер ежная, 78	3-13-19 (직 장), 3-12-80 (자택)
7	마카로프 (Макаров)	1720	리병희 (Ри Бен Хи)	694140, Макаров, ул. Социалист ическа, 4б, кв. 47	65-5-15 (자 택), 65-5-06 (직장)
8	네벨스크 (Невельск)	990	유환복 (Ю Хван Бок)	Невельск, ул. Ле нина, 82, кв. 38	23-69 (직장)
9	토마리 (Томари)	873	헤남훈 (Хе Нам Хун)	694820, Томари, у л. Калинина, 10	2-15-18 (자택)
10	우글레고르스크 (Углегорск)	2624	우정구 (У Ден Гу)	694900, Углегор ск, ул. Пионерс кая, 5, кв. 17	2-09-95 (자택), 2-2- 78 (직장)
11	홈스크 (Холмск)	4300	박정철 (Пак Ден Чер)	Холмск, ул. Мо рская, 6, кв. 12	2-42-31 (자 택), 2-36-51 (직장)
12	샤흐테르스크 (Шахтерск)	1530	김영운 (Ким Ен Ун)	694810, Шахтерс к, ул. Мира, 20, кв. 40	8-36 (경리부)
13	시네고르스크 (Синегорск)	268	박영길 (Пак Ен Гир)	Синегорск, ул. Горная, 6, кв. 71	3-85 (자택)

---

107) 이 표는 사할린 한인 이름이 러시아어 철자에 따라 표기된 상태로 원본에 나와
있다.

No. п/п	지역	한인 주민 수	사할린 한인협회 대표자의 성명	주소	전화번호
14	노보알렉산드롭스크 (Ново-Алекса ндровск)	1400	김성길 (Ким Сен Гир)	П. Ново-Алекс андровск	
15	티몹스크 (Тымовск)	500	최옥철 (Чво Ок Чер)	Тымовск, ул. К ировская, 102, к в. 12	22-8-81 (직장), 21-9-35 (자택)
16	스미르니흐 (Смирных)	500	김동태 (Ким Дон Те)	п. Победино, у л. Речная, 24	2-44
17	루고보예 (Луговое)	1523	김정환 (Ким Ден Хван)	п. Луговое, ул. Дружбы, 100, кв. 28	93-3-01, 93-5-53
18	Южно-Сахал инск	14300	김춘경 (Ким Чун Ген)	г. Южно-Сахал инск, ул. Лени на, 314, кв. 43	2-23-96 (직장), 5-2975 (자택)
19	포로나이스크 (Поронайск)	2260	주옥순 (Дю Ок Сун)	Поронайск, ул. Победы, 82, кв. 52	4-30-34 (직장), 4-35-35 (자택)
20	바흐루셰프 (Вахрушев)	209	전성관 (Тен Сен Гван)	п. Вахрушев, у л. Центральна я, 121, кв. 23	28-2-28 (자택), 28-4-24 (직장)
21	보스토크 (Восток)	359	우영대 (У Ен Де)	п. Восток, ул. Г агарина, 22, кв. 16	32-3-49 (자택)
	합계			42242	

참고: 인구 수는 사할린 한인협회가 추정한 것이다.

위에서 언급했던 사회 조직 외에도 사할린에서는 여러 시기에 다양
한 사회 조직이 등장하여 사할린 한인들의 본국송환 달성, 한인 문화
보존, 강제 동원된 한인들의 권리 투쟁 및 다른 목표를 세워 활동했다.
그들 중 일부는 사라졌고, 또 일부는 유지되어 지금까지 성공적으로 활
동하고 있다.[108]

---

108) 목록이 불완전하고 사할린 한인의 모든 사회조직들을 적절한 방식으로
반영하고 있지는 못하나, 현재까지 이것은 사할린 한인의 사회조직에 대한
완전한 소개 정보를 제공하려는 첫 번째이자, 아지까지도 유일한 시도이다:
Организации корейцев СНГ: сахалинские корейцы // Режим

1990년 9월 26일 사할린 주집행위원회는 한국 기업인 센터 "지구"를 등록했다.[109] 이 센터는 한국 사업가 및 기업인들과의 교류, 사할린 주 경제에 대한 투자 유치, 한국과 사할린 사이에 상호 유익한 협력 및 무역 활동의 구축을 주요 목표로 세웠다. 그러나 몇몇 이유로 인해 센터는 성공적으로 활동하지 못했고 단계적으로 폐쇄되었다.

사할린 지역 한인 사회 재단인 "정의복권재단"과 재단의 회장 김복권(빅토르 미하일로비치)이 2000년대 중반에 활발히 활동을 했다. 재단의 활동가들은 착취를 통한 한인들의 권리 침해, 본국송환의 실패, 국적 박탈, 사할린 광부의 예입금 지불 등의 문제를 들어, 일본으로 하여금 사할린 한인들에 대한 법적 책임을 인정하도록 하는 목표를 세웠다.[110] 재단은 활동 자금을 일본 의회의 의원들, 러시아 정부에게 지원을 요청하거나 소송 등을 통해 확보했다. 현재 재단은 모든 문제 중에서 국적, 즉 사할린 한인 모든 세대가 대한민국 국적을 받을 수 있는 권리에 대한 문제를 위해 가장 열심히 노력하고 있다. 재단의 활동은 재단 창시자이자 회장인 김복권의 뒤를 따라 상트페테르부르크로 옮겨갔지만, 사할린에 영향력이 여전히 남아있다.

사할린 노인들(사할린 한인들의 권리를 지키고 역사적 정의의 문제를 제기함에 있어 가장 적극적인 사할린 한인 디아스포라의 일원)을 통합하고 있는 사할린 주 한인노인협회도 권위 있는 단체 중의 하나이다.

доступа: http://www.arirang.ru/regions/russia/sakhalin.htm. 검색일 2017년 6월 10일

109) ГИАСО. Ф. 53. Оп. 1. Д. 3011. Л. 144.

110) 사할린의 한인 광부들은 전시에 정당한 급여를 받지 못했다. 급여의 대부분은 도요하라(현재의 유즈노사할린스크)의 우체국 은행에 저축되어 있었으나, 이 은행의 기록은 전후에 망실되었다. 일본정부는 이 문제를 해결할 수 없었으며, 사할린 한인들의 급여는 그렇게 지급되지 않았다. 다음을 보시오. : ГИАСО. Ф. 1038. Ф. 1. Д. 104. Л. 14–15.

현재 사할린 주 한인노인협회는 사할린 한인의 유해를 사할린에서 한국으로 이장하는 문제를 다루고 있고[111], 사할린 한인 청년들을 위한 역사 캠프를 수년째 개최하고 있다. 사할린 한인의 이장이 역사적 정의를 회복하는 의미라면, 역사에 대한 검토, 의례 교육, 기념물이나 역사적 중요 장소 방문을 포함하고 있는 역사 캠프는 사할린 한인의 역사나 문화, 정신에 대한 중요한 정보를 후손에게 전달하는 역할을 수행한다.[112]

사할린 한인 디아스포라에게는 사할린 한인 청년들의 사회단체 참여 활동이 미약하다는 현실적 문제가 있다. 몇 가지 예외를 제외하면 결산 모임이나 다른 행사에서 볼 수 있는 세대는 주로 1세대와 2세대이다. 이 문제를 해결하기 위해 2008년 8월 29일에 한인 청년들을 통합하는 "사할린 한인 클럽"이 결성되었다. 유명한 사할린 시인 세르게이 한이 초대 회장이 되었고, 리에데 산복이 부회장이 되었다. 몇 년 동안 적극적인 활동을 한 덕분에 사할린 한인 클럽은 음력 설날 축하 행사, 부산대학교(한국)와 협력한 한국 어린이 캠프 개최, 오스탄키노의 만남 (이 행사와 관련하여 한국학 전문가 안드레이 란코프, 작가 아나톨리 김 등 유명한 인사들이 사할린에 초청되었다), 어린이 여름 캠프 등의 몇 가지 중요한 행사를 열 수 있었다. 사할린 한인 클럽은 2012년 1월 20일 해산되었다.[113]

사할린 한인의 이익을 위해 활동하는 또 다른 중요한 단체로 모스크바의 "사할린 한인협회"가 있다. 모스크바 "사할린 한인협회"는 러시

---

111) 예를 들어 다음을 보시오: 새고려신문, 2015년 9월 11일. 4쪽 및 기타(«Сэ корё синмун. 11 сентября 2015 г., с. 4 и др.»)

112) 다음을 보시오. 새고려신문, 2015년 7월 10일. 8쪽, 2015년 8월 7일, 3쪽.(«Сэ корё синмун. 10 июля 2015 г., с. 8; 7 августа 2015 г., с. 3.»)

113) 사할린한인 지역사회조직 // 액서스 모드 http://www.rusprofile.ru/ id/189280#liquidate(검색일 : 2017년 6월 13일.)

아의 수도에 정착하려고 모스크바로 이주했을 뿐, 자신의 뿌리를 잃지도 그리고 잊지도 않은 사할린 한인들에 의해 설립되었다. 그들은 모스크바에서 한인 민족 행사를 진행하고, 긴급한 문제를 논의하기 위해 정기적으로 회합하며, 인터넷 웹 사이트를 운영하면서 세미나와 콘퍼런스를 진행하는 등 적극적으로 활동하고 있다.[114]

1989년부터 2015년까지 사회단체들의 활동을 살펴보면, 그들이 상당한 성공을 거두었다고 밀힐 수 있다. 대표적인 활동으로는 1990년대 한국과 사할린에서 친척들을 찾아 상봉했던 사건과 한국의 TV방송국 KBS와 사할린 국영 TV방송국의 지원을 받아 1990년 1월에 이루어진 유즈노사할린스크-서울-대구 간의 화상 연결[115], 대한항공 전세기편, 1세대 사할린 한인의 대한민국으로의 송환(안산, 인천, 파주 등지로), 한국 전통 의례의 보존과 전승을 위한 행사들, 러시아, 한국, 일본 정부와의 활발한 교류 등을 들 수 있다.

일부 정보에 따르면, 2010년 1월 1일 기준으로 사할린 주 내에 26개의 다양한 한인 사회 조직이 활동했는데, 이런 조직들의 기초는 1997년부터 활동했던 지역 사회 조직 '사할린 한인'(POOCK)이다[56, p. 95].

사할린 한인들의 사회 조직은 한국어와 문화의 부활, 한인 디아스포라의 국제관계 수립과 확대, 역사적 정의의 복구 등과 같은 업무에서 선도적 역할을 수행하기 시작했다. 대부분의 이런 조직에게 가장 중요한 사안은 사할린 한인의 고국송환과 이산가족 문제이다.

사할린에서 민족 문화 부활의 중요한 지표는 사할린 주 교육기관에서 한국어 과목이 다시 개설되었다는 사실이다.

---

114) 사할린한인회 // 액서스 모드 http://mobsk.ru (검색일 : 2017년 6월 13일.)
115) 쿠진. 러시아사할린한인사(19세기말-21세기 초): 박사학위 논문, 유즈노사할린스크, 2011년. 293쪽.

유즈노사할린스크의 중등 일반교육학교 №9가 '한인학교'의 지위를 얻었다. 1992년부터 이 학교는 동방 문화와 언어 심화교육을 실행하는 곳으로 인정되어 한국어, 일본어 혹은 중국어를 2학년부터 배우고 있으며, 1997년부터는 동양 언어 교과가 학생 대부분에게 의무로 되었다.[116]

1991년 사할린 주에서는 9개 구 내의 12개 학교에서 한국어를 가르쳤다(1-4학년은 425명, 5-9학년은 100명이 한국어를 배웠다). 사할린 주 공공교육 관리국에 의해 다양한 교육 재정 지원, 한국어를 포함하여 모국어 공부를 위한 보완 규칙 제정 등이 제시된 교육체제의 안정화와 발전 계획 프로젝트가 1991년에 마련되었다[17, p. 218].

한국어 및 한국과 관련된 다른 과목들이 사할린의 고등교육기관에서도 개설되었다. 1988년 유즈노사할린스크 사범대학교 역사학부에 한국학과가 설립되었다. 1991년 한국학과와 일본학과를 기반으로 동방학부가 설립되었다[14, p.161-162]. 현재 전 동방학부는 사할린 국립대학교(이 대학교는 1998년 사범대학교를 기반으로 설립되었다) 내에 경제 및 동방학부라는 명칭을 지니고 있다. 이 학부는 한국 민족(다른 민족도 가능) 중 원하는 모든 이들이 역사적 모국에 관한 지식을 전문가의 수준에서 얻을 수 있도록 해주는 동시에 한국어 교사와 한국문학 전문가를 양성하고 있다.

계속해서 활동 중인 한인신문 이외에도 사할린 주 한인들을 위해 2004년 국립 텔레비전 라디오 방송사 '사할린'에 'KTB(한인방송) 우리말 방송'이라는 한국어 텔레비전 방송 단체가 결성되었다. 방송은 한국어와 러시아어로 진행되며 한국의 역사와 문화에 관한 영화를 방송해 준다.[117]

---

116) 시립 교육기관 동방언어 및 문화 심화 교육 중등 일반교육학교 № 9 // 공식사이트: http://www.school9.sakh.com/ (검색일: 2016년 12월 12일).
117) 한국 텔레비전 방송은 인터넷에 홈페이지가 없다. 그러나 방송이 유명한 인터넷망인 유튜브(youtube)에 저장된다(다음을 보시오. URL: https://

1993년 한국 정부는 유즈노사할린스크에 교육센터를 설립했다. 이 센터는 한국어, 문화 그리고 역사의 연구, 발전을 지원하고 있으며, 대한민국에서의 유학을 원하는 이들에게 상담 서비스를 제공해 주고 사할린 주에서 거주하거나 수학 중인 한국인들에게 도움을 주고 있다. 2006년부터 문화센터는 한인문화센터 건물 내에 자리하고 있다. 한인 문화센터와 대한민국 교육센터는 사할린 한인을 역사적 모국, 자신의 민족 문화, 언어 그리고 역사와 연결시켜주는 중요한 가교가 되었다.[118]

사할린 남부에서 활동하며 10개 이상의 교회를 건립한 한국 출신 개신교 목사들이 적지 않은 역할을 하고 있다. 그들은 한인과 러시아인을 상대로 선교와 교육사업에도 종사하고 있다. 1993년 유즈노사할린스크에서는 한국 목사들의 주도와 재정적 지원 하에 사립 종교대학인 '삼육'이 설립되었다. 이곳에서는 종교과목 이외에도 한국어, 일본어 그리고 영어 등의 외국어도 가르치고 있다. '삼육'대학은 한국 목사들의 보조자가 될 통역가를 양성하고 있다. 이 교육기관은 몇 년 동안 존재하다가 폐교되었다.

민족적 사회 기구의 설립, 발전 그리고 확장이 사할린 주 한인 주민의 언어 정체성에 주는 영향력은 아래의 표 9를 통해 추적해 볼 수 있다.

표 9. 사할린 주 한인 주민 수와 사용 언어(1959–2002)

연도	1959	1970	1989	2002
전체 한인 주민 수(명/%)	42,337/6.5%	35,396/5.7%	35,191/5.0%	29,592/5.4%
모국어				
러시아어	2,546	7,398	22,230	29,382
한국어	39,729	27,978	12,908	210

www.youtube.com/channel/UCoAdetr0qfL48cvMy181rMw).

118) 사할린주재 대한민국 교육 및 문화센터 // 공식사이트: http://www.sakhalinedu.com/rus/main/main.php (검색일: 2012년 8월 5일).

연도	1959	1970	1989	2002
기타	62	20	53	0
제2외국어 구사자				
러시아어		21,042		

표 9를 통해 사할린 한인 디아스포라의 언어가 어떻게 변했는지 알 수 있다. 대부분의 한인들은 대체로 한국 남부의 농업지대 출신으로 노동 이주라는 상황으로 인해 1945년까지 문맹이었다. 교육을 받은 많지 않은 이들은 일본 학교에서 일본어로 교육을 받았다. 소련 적군이 남 사할린과 쿠릴 열도에 진주할 당시 모든 한인은 러시아어를 몰랐다(1920-1925년에 소비에트 령 극동에서 일본이 임시 점령 중이었던 북 사할린을 거쳐 가라후토로 들어온 유일한 집단만이 예외이다).

소연방은 문맹 퇴치와 한인 계몽을 과업으로 제시하고 그것을 성공적으로 수행했다. 한인 학교의 개교, 교육 수준에 따른 정규직 일자리 덕에 문맹 퇴치를 달성할 수 있었다. 소연방 민족 정책의 특징은 한인이 자신의 모국어를 배우는 것으로 이어졌다. 결과적으로 1959년이 되었음에도 사할린 한인 42,337명 중에서 한국어를 모국어로 여기는 사람이 39,729명(또는 전체 한인의 93.8%)이었던 반면, 러시아어를 모국어로 하는 한인은 겨우 2,546명, 즉 6%에 불과했다.

소비에트 정부는 처음에는 사할린의 한인 민족 문화를 지지하고, 획득한 영토의 비 러시아계 주민들에게 최소한의 계몽을 보장해 주었으나, 이후 문화의 최대 발전이라는 과제가 완수되었다고 결정하여 1960년대 초부터 사할린 한인의 문화 발전을 위한 많은 프로그램을 번복해버렸다. 한인 학교, 한인 연극 극장과 콘서트가극 협주단, 사할린 사범대학교 한국학과 등이 폐쇄되었다. 한인 신문과 라디오는 유지되었다. 소비에트 지도부의 정책 변경 이후 최초 10년 동안 한국어 능력이 상당했으나, 예전에 비해 확연히 떨어졌다. 1970년에 실행된 전 소연방 인구조사에서 사할린에 거주하는 35,396명의 한인 중에서 한국어를 모국어로 생각하는 사람이 27,978명, 즉 79%였으며, 러시아어는 7,398명으로 20.9%였다.[119] 러시아어를 제2외국어로 알고 있는 한인은 21,042명으로 59.4%였다.

그러나 페레스트로이카 시작 이후 또는 1989년의 마지막 전 소연방 인구조사 당시 한인 디아스포라 내에서의 지배적 언어는 러시아어였다. 자연적인 인구통계학적 과정이 여기서 적지 않은 역할을 했다, 즉 그 당시 공동체의 다수를 형성한 것은 한인 학교가 폐쇄된 뒤에 교육을 받은 사람들이었다. 1989년 당시 사할린 한인 35,191명 중에서 러시아어를 모국어로 구사하는 사람이 22,230명(63.2%)이었으며, 한국어는 12,908명(36.7%)이었다.

소연방의 해체 이후 러시아 사회에서의 민주화 시기 도래, 그리고 그에 따른 민족 조직에 대한 국가 통제의 부재 등에도 불구하고 사할린 한인의 러시아화가 상당히 진행됐는데, 그것은 다시 생긴 사회 조직이나 한국과의 국제적 협력(한국 정부와 사회 조직은 한국어와 문화의 발전을 지원하고 있다) 등이 사실 상 한국어의 완전한 상실을 막을 수는 없었다. 2002년에 실행된 첫 번째 전 러시아연방 인구조사에서는 사할린 한인 29,592명 중에서 러시아어를 모국어로 하는 사람이 99.3%로 29,382명이었던 반면, 한국어는 겨우 210명으로 0.7%에 불과했다.[120]

---

119) ГИАСО. Ф. 3. Оп. 2. Д. 98. Л. 14.

120) Всероссийская перепись населения 2002 г. Том 4. Национальный состав и владение языками, гражданство // Всероссийская перепись населения 2002 г. URL: http://www.perepis2002.ru (검색일: 2016.12.12).

그럼에도 불구하고 한인 민족 문화의 지지를 지향하는 사회 기구가 존재하며 발전 중인만큼, 이것은 사할린 주 한인 디아스포라 내에서의 한국 문화에 대한 관심이 이전처럼 매우 높다는 것을 의미한다. 더구나 이 관심은 한국어 구사능력을 거의 완전하게 잃어버린 상황 하에서도 존재한다.

사할린 한인 디아스포라 사회 기구의 형성과 발전은 복잡한 조건 속에서 진행되었다. 일본 가라후토 청 영토로의 한인 이주가 진행된 첫 단계에서는 사회 조직이 존재하지 않았으며, 소수 존재하던 사회 조직은 일본 당국에 의해 설립되어 엄격한 통제를 받았다. 남 사할린과 쿠릴 열도가 소연방의 통치 하로 들어오는 순간부터 페레스트로이카와 소연방이 해체될 때까지의 두 번째 단계에서 사회 조직이 생기기 시작하여 대규모로 활동했지만, 그것들의 발생, 확장 그리고 폐쇄 역시 소비에트 행정부의 엄격한 통제 하에 이루어졌다. 1990년대 초부터 현재까지는 사할린에서 한인 문화의 부활 시기, 새로운 사회 조직의 발생, 확장 그리고 변화가 이어지고 있다. 자유화 시기의 도래와 사할린 주의 국제관계 확장 등이 이런 현상에 일조했다. 그러나 사할린 한인들의 러시아 사회로의 통합이 실질적으로 완수되면서 한국어와 문화는 이미 러시아 디아스포라가 되어버린, 사할린과 쿠릴 열도의 러시아 한인들 삶에 있어 이국적 부가물이 되었다.

사진 11. 오도마리의 학교. 1946년.

사진 12. 한인 학교. 1951년 5월 1일.

П Р И К А З № 360

ПО ОБЛАСТНОМУ УПРАВЛЕНИЮ ПО ГРАЖДАНСКИМ ДЕЛАМ
ЮЖНО-САХАЛИНСКОЙ ОБЛАСТИ

гор. Южно-Сахалинск   28 августа 1946 г.

СОДЕРЖАНИЕ: О дополнительном открытии корейских школ

        В связи с поступающими запросами местного корейского на-
населения об открытии начальных школ с преподаванием на корейском
языке и учитывая контингент учащихся данной национальности

            П Р И К А З Ы В А Ю:

        1. Открыть с 1-го сентября с.г. дополнительно корейские
школы в следующих населенных пунктах:
        а) Хигаси-Сякудан (Углегорский район) двухкомплектная
начальная школа с контингентом учащихся - 40 человек.
        б) Окунай (Лесогорский район) однокомплектную начальную
школу с контингентом учащихся - 24 человека.
        в) Тамарикиси (Поронайский район) двухкомплектную нач.
школу с контингентом учащихся - 50 человек.
        г) Невельск двухкомплектную начальную школу с количе-
ством учащихся 50 человек.
        д) Минами-Назаси (Невельский район) однокомплектную на-
чальную школу с количеством учащихся - 30 чел.
        е) Наси-Нейрен (Холмский район) двухкомплектную началь-
ную школу с количеством учащихся - 47 чел.
        ж) Охотоми (Долинский р-н) двухкомплектную начальную
школу с количеством учащихся-70 человек.
        з) Рюкуси (Лесогорский р-н) однокомплектную начальную
школу с количеством учащихся-23 чел.
        и) Казакэми (Ю-Сахалинский район) двухкомплектную на-
чальную школу с количеством учащихся-50 человек.

        2. Начальнику ОБЛОНО тов: Павлову обеспечить открытие
вышеуказанных корейских школ 1- го сентября 1946 года.

        3. Начальнику ОБЛФО тов. Дмитриеву дать указания началь-
никам РАЙФО о финансировании вновь открываемых школ за счет сумм
по разделу "Просвещение".

        НАЧАЛЬНИК ОБЛАСТНОГО УПРАВЛЕНИЯ
        ПО ГРАЖДАНСКИМ ДЕЛАМ

사진 13. 한인 학교 추가 증원에 대한 1946년 8월 28일자 유즈노사할린스크 지역 시민 행정 명령 № 360

1. Организовать с 1-го марта 1946 года в г. Тойохара областной Институт Усовершенствования Учителей.

2. Закрепить за институтом Усовершенствования Учителей помещение бывшего пансиона японского учительского института.

6. Ближайшими задачами института считать: для учителей русских школ и работников народного образования проведение курсов по повышению квалификации, семинаров, разработку методических указаний к прохождению программ, изучение и распространение опыта лучших учителей; для учителей японцев и корейцев - проведение по переподготовке, семинаров, пересмотр программ японских школ и учебников указаний по введению новой системы обучения и воспитания и изучение работы японских школ.

그림 14. 교사 연수원 한인 분과 개원에 대한 유즈노사할린스크 시민 행정 명령 중에서.

Итоговая по области

Южно-Сахалинский городской

русские и нерусские шк.

СВЕДЕНИЯ О РАБОТНИКАХ НАЧАЛЬНЫХ, СЕМИЛЕТНИХ И СРЕДНИХ ШКОЛ НА НАЧАЛО 1945/46 УЧЕБНОГО ГОДА

I. Состав учителей, директоров, заведующих и зав. учебной частью школ

1		2	3	4	5	6	7	8	9	10	11	12	13	14	15	16	17	18	19	20	21	22	23	24
[illegible]	1	727	293	40	32	8	–	–	123	11	93	18	1	525	194	210	104	17	493	39	32	5	2	
[illegible] семилетних школ	2	354	270	5	3	–	1	1	70	–	22	40	8	276	149	91	33	3	230	3	1	1	1	
в 1–4-х классах	3	280	200	1	1	–	–	–	–	–	–	–	–	276	149	91	33	3	230	3	1	1	1	
в 5–7-х классах	4	74	70	4	2	–	1	1	70	–	22	40	8	–	–	–	–	–	–	–	–	–	–	
в средних школах	5	355	310	157	59	37	50	11	111	38	24	26	23	57	27	3	26	1	57	10	7	1	2	
в 1–4-х классах	6	92	60	4	–	1	5	1	–	–	–	–	–	55	27	3	24	1	55	10	7	1	2	
в 5–7-х классах	7	56	50	8	5	2	–	1	46	13	10	14	9	2	–	–	2	–	2	–	–	–	–	
в 8–10 классах	8	217	200	142	64	34	45	9	65	25	14	12	14	–	–	–	–	–	–	–	–	–	–	
[illegible]	9	1416	873	202	94	45	51	12	304	49	139	84	32	858	370	304	163	21	780	53	40	7	5	
в 1–4-х классах	10	1079	623	48	33	9	5	1	123	11	93	18	1	856	370	304	161	21	778	52	40	7	5	
в 5–7-х классах	11	130	120	12	7	2	1	2	116	13	32	54	17	2	–	–	2	–	2	–	–	–	–	
[illegible]	12	20	20	3	1	–	2	–	10	5	5	–	–	5	5	–	–	–	–	2	1	1		
всего	13	25	2	2	1	1	–	–	12	6	6	1	–	3	2	1	–	–	–	8	4	4		
[illegible]	14	–	–	–	–	–	–	–	–	–	–	–	–	–	–	–	–	–	–	–	–	–		
[illegible]	15	1461	895	207	96	46	53	22	326	59	150	85	32	866	377	385	163	21	780	62	45	12	5	
[illegible]	16	146	29	6	1	–	4	1	41	1	20	18	2	92	17	19	27	23	92	7	7			
[illegible]	17	17	1	4	2	–	1	1	13	2	2	4	5	–	–	–	–	–	–	–	–			
[illegible]	18	30	2	22	6	5	3	8	8	3	4	1	–	–	–	–	–	–	–	–	–	–	–	
[illegible]	19	17	4	4	2	–	1	1	13	3	2	5	4	–	–	–	–	–	–	–	–	–	–	
[illegible]	20	33	4	25	6	5	6	8	8	3	3	3	2	–	–	–	–	–	–	–	–	–	–	

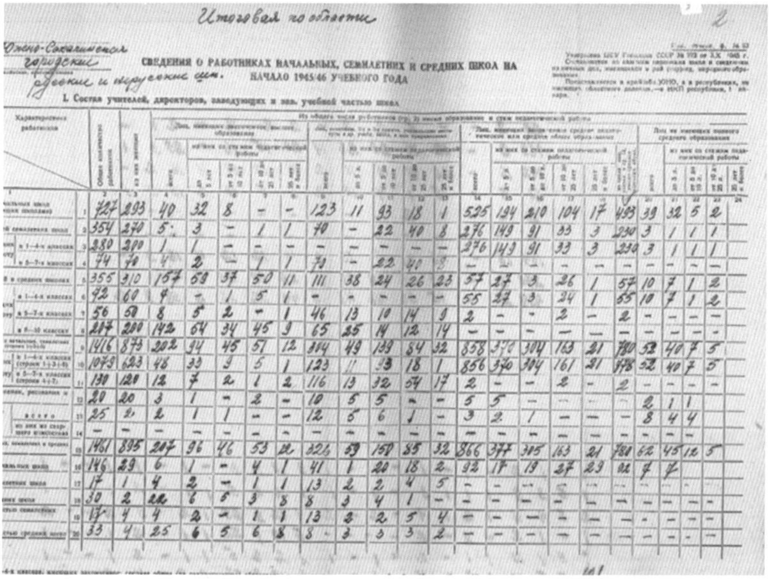

사진 15. 1945년–46년 학년 동안 유즈노사할린스크 지역 러시아 학교 및 비 러시아 학교 근로자들에 대한 최종 평가서

사진 16. 한인 학교. 1947년.

사진 17. 한인 학교 읽기용 교재　　　　사진 18. 한인 학교 수학 교재.

사진 19. 한인 학교 문학 교재.

проект.

РЕШЕНИЕ № 423

исполнительного Комитета Сахалинского областного
Совета депутатов трудящихся

гор. Южно-Сахалинск   "20" мая 1952 г.

"Об открытии библиотек для обслуживания
корейского населения".

В целях развертывания культурно-просветительной работы
среди корейского населения исполнительный Комитет Сахалинского
областного Совета депутатов трудящихся РЕШИЛ:

1. Обязать исполкомы Корсаковского /т.Моисеенко/, Холмского
/т.Золина/, Углегорского /т.Палехова/ городских, Невельского
/т.Корвигова/ районного Советов депутатов трудящихся открыть
библиотеки для обслуживания корейского населения в городах
Корсакове, Холмске, Углегорске, Невельске за счет плана развития
библиотечной сети текущего года, согласно распоряжению Совета
Министров РСФСР от 1 марта 1952 г. № 98-рс.

2. Исключить из сети культпросветучреждений Корсаковского
района одну сельскую библиотеку, передав бюджетные средства на ее
содержание в сумме 9,4 тыс.руб. городу Корсакову.

3. Обязать областной отдел культурно-просветительной
работы /т.Арсентьеву З.П./ скомплектовать книжные фонды указанных
библиотек на сумму по 3.000 рублей каждой за счет централизованных
средств на комплектование.

Председатель исполкома
Сахалинского областного Совета
депутатов трудящихся   А.Емельянов.

И.О.Секретаря исполкома
Сахалинского областного Совета
депутатов трудящихся   Г.Яковлев.

사진 20. 한인 주민을 위한 도서관 개관에 관한 1952년 5월 20일자 사할린 주 집행위원회 결정 № 423.

사진 21. 포로나이스크 시 사범학교 건물. 1952년.

사진 22. 한인 중학교 № 9. 유즈노사할린스크 시. 1953년.

사진 23. 7년제 야간 한인 학교 졸업

사진 24. 전태식과 그의 중등학교 № 2의 제자들. 자레치예 마을. 1960년대.

사진 25. 한인 이동극장의 공연 "내일은 우리의 것" 공연 중의 무대. 1950년대.

사진 26. 한인 이동극장의 공연 "내일은 우리의 것" 공연 중의 무대. 1950년대.

1. На перемещение редакции газеты "Корейский рабочий" из города Хабаровска в г.Южно-Сахалинск и ее содержание до конца года выделить из областного бюджета 200 тыс.рублей за счет сверхплановых прибылей по управлению полиграфии и издательств.

2. Обязать облконтору Госбанка /т.Тихомирова/ открыть расчетный счет в Южно-Сахалинском отделении Госбанка редакции газеты "Корейский рабочий".

Утвердить распорядителями кредитов по указанному счету с правом первой подписи редактора газеты т.Ким А.К. и второй подписи бухгалтера Кошелеву Н.Г.

подписи. бухгалтера Кошелеву Н.Г.

사진 27. 1950년 9월 26일자 사할린 주 집행위원회의 신문 "한인 노동자" 편집부를 하바롭스크 시에서 유즈노사할린스크 시로 이전하는 비용에 대한 결정 № 18 중에서. // ГИАС О. Ф. Р-53. Оп. 1. Д. 444. Л. 19.

사진 28. "레닌의 길로"지 직원들. 1967년.

사진 29. "레닌의 길로"지 편집부원들. 1967년.

사진 30. 신문 "레닌의 길로". 1990년.

사진 31. 박해룡(1938년 생), 1999년–2011년 동안 사할린 주 한인 협회 회장 역임, 사할린 주 명예시민.

사진 32. 1990년 9월 26일자 사하린 주 집행위원회의 한인 기업가 센터 등록에 관한 결정 № 400 // ГИАСО. Ф. Р-53. Оп. 1. Д. 3011. Л. 144.

사진 33. 1989년 12월 19일자 사할린 주 집행위원회의 한인 문화 센터 규정 승인에 대한 결정 № 318 // ГИАСО. Ф. Р-53. Оп. 1. Д. 2921. Л. 67.

사진 34. 한국으로부터의 화상 만남. 유즈노사할린스크 시. 1990년.

사진 35. 유즈노사할린 – 서울 간의 화상 연결. 1990년.

사진 36. 한인 문화 센터. 유즈노사할린스크.2014년.

제2장

1세대 사할린 한인

디아스포라에서 정체성 문제는 복잡하고도 논쟁의 여지가 있는 연구 대상이다. 디아스포라 연구는 인문학의 다양한 영역에서 진행되고 있으며, 각 영역마다 디아스포라에 대한 자신만의 개념을 지니고 있다고 볼 수 있다. 이로 인해 여러 디아스포라 집단에 대한 연구가 어려움을 겪고 있다. 이 연구에서 디아스포라의 기본 개념은 다른 민족 환경에 거주하는 민족 집단을 의미하며, 사할린 주의 한인들은 당연히 디아스포라로 간주될 것이다.

사할린 한인 연구는 세대별로 – 사회적 연령 집단- 구분하여 진행하는 것이 바람직하다. 한인 디아스포라를 완전한 동일성으로 반영할 수는 없지만 그럼에도 불구하고 디아스포라의 역사적 발전 논리는 바로 그러한 구분을 필요로 한다. 먼저 "세대"라는 개념과 한인·디아스포라를 위한 그 세대의 의미가 규정되어야 한다. "세대"는 기본적으로 "새로운", 즉 머지않은 시점부터 다른 민족 속에 살고 있지만 여전히 고국과 관계를 유지하고 있는 디아스포라를 위해 디아스포라의 구분 방법으로 사용된다. 표도로프(Ф.П. Фёдоров)는 해외의 러시아 디아스포라 세대를 구분하면서 다음과 같이 기술했다. "이민 1세대는 '낯선 곳', 즉 타지에서 살고 있는 이들로 최초의 그리고 영원한 집합체이자 포괄적인 신화이다. 2세대는 낯선 공간에서 자라고 있으나, 부모 세대의 세계감각 그리고 기억과 피의 불변성을 체험하지 않은 세대이다. 3세대는 모든 면에서 다른 모습을 보인다. 즉 낯선 곳이 고향이 되고, (원래의 -억주)고국이 낯선 곳이 된다. 그들에게 프랑스나 시리아는 이미 낯선 곳이 아니다. 오히려 러시아는 더 이상 고향이 아니다."[97, 52쪽][1]

이런 분류를 사할린 한인 디아스포라에 적용할 수 있다. 1세대는 사할린과 쿠릴 열도에 입도한 이들이다. 2세대는 그들의 아이들이며, 3세대는 그들의 손자, 4세대는 증손자들이다. 그러나 여기에는 몇 가지 특징이 있다. 본질적으로 한인 사회에서 세대 구분은 이주에 근거한 것이 아니라 1945년에 소련 – 러시아로의 사법권의 변경이라는 사실에 근거한다. 그리고 거기에 "북한 노동자"를 추가해야 한다. 그들은 1946-1949년 소련 당국의 징모로 사할린과 쿠릴 열도에 입도했다.

정확하게 말하면 우리는 심지어 1945년 8월 15일이라는 정확한 확정 일자를 지니고 있다. 그 이전에 태어난 한인들을 1세대로 간주한다. 물론 이러한 구분이 전적으로 옳은 것은 아닌바, 1세대의 연령 차이가 20-30년 정도 되기 때문이다. 그러나 사할린 한인 사회에서, 그리고 러시아와 한국, 일본이 국제적으로 인정한 수준에서(제1세대만이 본국으로의 귀환 권리를 보유) 세대 구분이 이용될 수 있다. 그래서 우리는 연구에서 바로 이러한 구분을 이용하는 것이 적절하다고 생각한다.

---

1) Федоров (Даугавпилс) В.П. Дон-Аминадо: Эмиграция как «парадокс и мечта» // Культура русской диаспоры: Эмиграция и мифы: сборник статей / ред.-сост. А. Данилевский, С. Доценко. – Таллинн: Издательство Таллинского университета, 2012. С. 50-83. С. 52.

따라서 사할린 한인 디아스포라의 4세대에 대한 연구는 완전히 다른 방법론으로 수행되어야 한다. 왜냐하면, 동일화에 영향을 미치는 역사적 운명과 특성이 서로 다르기 때문이다. 1세대와 2세대에 속하는 한인들은 독특한 역사적 운명을 가지고 있다. 그들은 변화된 삶을 살았다. 즉 1세대는 일본 당국에 의해 한국에서 모집 또는 징집 당했다. 그래서 사할린에서 힘든 삶을 살았고, 가족과 떨어졌다(부인이나 남편, 아이들 포함). 섬의 광산에서 힘든 노동을 하다가, 전혀 생소한 (언어, 규범, 법, 규칙 등을 전혀 모르는) 소비에트 사회에 적응해야 했다. 그들 중 일부는 결혼할 배우자를 자유롭게 선택할 수도 없었다. 그들은 무국적 상태로 차별을 당하며 살았다. 2세대는 한국과 러시아라는 두 개의 서로 다른 집단에서 살도록 강요당했다. 그들은 통합의 어려움을 극복하고, 힘든 여건에서 교육을 받았다. 또한 러시아와 한국의 정체성 사이에서 혼란을 겪었다.

사할린 한인 1세대(공식적으로 이 분들은 1945년 8월 15일 이전에 출생한 분들이다)는 가장 흥미로운 응답자로 그들은 사할린 한인 디아스포라의 주요 사건에 대한 기억을 여전히 간직하고 있으며 디아스포라의 의제(안건)를 결정하고 있다. 즉 주요 사건에 대한 그들의 기억과 입장이 지배적이다.

1. 우리는 사할린으로 갔다…

  사할린 한인 1세대의 일생사는 그들에게 있어 상징적 사건이 된 가라후토 이주부터 항상 시작된다. 그들은 이 당시를 어떻게 기억하고 있을까?

  "자, 한 예로 한봉수(1909년 출생)의 운명을 살펴봅시다. 그는 2차 대전 중 일본인에 의해 징집 당했어요. 한국에는 그의 부인 장분애(Ч ан Пу Нэ, 1918년 출생)가 남아있었지요. 1988년까지 그는 코르사코프에 혼자 살면서 항상 고향에 돌아갈 순간만을 고대했습니다. 친구들이 그에게 매번 결혼하라고 권했지만 그럴 때마다 그는 "나에겐 한국에 부인이 있답니다."라고 대답했답니다. 대구에 사는 그의 아들은 일본의 여러 사회단체에 아버지의 고국 송환에 협조해달라고 끈질기게 요청했습니다. 이 문제를 해결하려고 박노학과 일본 국회의원인 구사코바 시오조, 이가라시 고우조우가 적극적으로 참여했지요. 1988년 한봉수는 부인과 아들에게 돌아갔지만 얼마 후 사망하고 말았습니다." [13, 59 쪽].

  "1987년 7월 도쿄에서는 범철영(1912년 출생)과 부인 서정야(1923년 출생)의 상봉이 성사되었어요. 1945년 8월 18일 그녀는 아들 정운(1944년 출생)을 데리고 일본을 거쳐 한국에 도착했습니다… 아들 정운 씨는 이렇게 말하였어요. "도쿄에서 상봉이 진행되는 동안 지팡이에 의지하며 겨우 움직이시는 아버지를 너무도 흥분해서 볼 수가 없었어요. 빠른 시일 내에 아버지를 한국으로 모셔 병을 치료할 기회를 드리고 싶습니다. 만약 아버지께서 사할린에서 돌아가신다면 저는 일본 정부를 절대로 용서할 수 없을 겁니다." 1989년 6월 범철영은 한국에 오게 되었습니다. [13, 60 쪽].

  "저는 1943년 사할린에 징집돼 왔습니다. 원하지 않았지만 강제로 오게 된 거죠. 한국에서 사람을 모두 모아놓고 골랐어요. 그리고 강제로 명단에 올렸죠. 제 나이 19살이었어요. 처음에는 배를 타고, 그 다음에는 기차를 타고 갔답니다. 일본인들은 음식을 죽지 않을 만큼만 줬죠. 저는 틴나이(Тиннай, 크라스노고르스크)에 있는 광산에서 일했습니다. 정말 힘들었고 일요일(쉬는 날)도 없었어요.

그림 37. 박수남. 응답자. 우글레자보드스크. 2008년.

임금도 주지 않았고 식사만 주었답니다. 월급은 배급전표에 옮겨 적긴 했지만 전표를 손에 넣어본 적이 없었어요. 일하기 싫다는 건 말도 안 되었고 무조건 일을 해야만 했어요. 그래요, 한국에서는 좋았었죠. 만약 탈출이라도 시도한다면 완전히 다른, 훨씬 안 좋은 곳으로 데려갔어요.[2] 광산에는 한인이 많았지만 한국어로 말하는 것이 금지되었고 한국 성씨를 일본 성으로 바꿔버렸습니다. 징집될 때 일본인들은 2년 예정이라 말했지만 집에 갈 수 있는 시기가 되어도 그 약속을 지키지 않았습니다. 그때 저는 집에 너무도 가고 싶었고 다른 모든 사람들도 그랬죠. 그곳에는 내 가족, 형제, 자매, 어머니, 아버지가 계셨죠. 일본인들은 우리를 버리고 떠났죠. 더구나 소련에는 일본 대사관이 있어서 일본인들은 대사관에 부탁을 할 수도 있었지만, 우리에겐 대사관도 없었죠.[3]

"우리 아버지는 북한에서 태어나셔서, 부모님과 함께 연해주로 이주한 뒤 그곳에서 성장하셨습니다. 그러다 아버지가 20살쯤 되셨을 때 돈벌이하러 사할린으로 오셨어요. 아마도 북 사할린에도

---

2) 응답자는, 아마도, "타코베이(문어방)"을 염두에 둔 듯하다. 타코베이는 홋카이도와 러시아 사할린 광산에 감금된 노동자들의 기숙사로 강제노동을 뜻한다.(역주)

3) НА СОКМ. Оп. 1. Д. 833. Интервью 2.

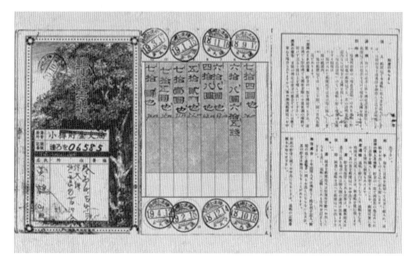

그림 38. 도요하라 시 우체국 은행 통장. 1944년 // ГИАСО. Ф. Р-1039. Оп. 1. Д. 104. Л. 29-29 об.

일본인들이 있었을 겁니다. 그래서 아버지는 북 사할린에서 남 사할린으로 내려가 그곳에서 사셨어요. 어머니는 한국에서 오셨는데, 1926년에 두 분이 결혼하셨습니다. 그래서 1945년에 러시아 군대가 사할린에 들어왔을 때 아버지는 통역으로 근무하셨죠. 아버지가 러시아어를 할 줄 아셨거든요."[4]

"저희 아버지는… 혁명 활동을 하기 시작하셨어요, 아버지의 첫 번째 임무는 신문을 발행하는 것이었는데 자금이 없자 아버지는 땅을 하나, 둘 팔기 시작하더니 마침내 집까지 파셨어요. 오로지 한국의 해방을 위해서요. 그 후 어느 도시에서 독립운동이 시작되자 아버지를 체포해 감옥에 처넣어버렸어요. 아버지가 더이상 밖으로 나오지 못하도록 말이에요… 나중에 독립운동이 잠잠해지자 아버지는 출옥하셨죠. 이렇게 총 5년 동안 다섯 차례에 걸쳐 아버지는 감옥에 계셨어요. 감옥은 북한의 원산에 있었죠. 이 도시는 속초에서 멀지 않은 곳으로, 약 100킬로미터 떨어져 있었어요. 지금은 정확히 말할 수는 없지만요.

---

4) НА СОКМ. Оп. 1. Д. 833. Интервью 19.

아버지가 집을 파시자 저희는 살 곳이 없어져 도시로 이사를 가야만 했지요. 그때까지 저희는 시외에 살았는데 더 이상 그곳에 살 곳이 없어진 거죠. 속초는 바다 쪽으로 나있었고 그곳에 길이 있었어요, 길과 바다 사이에 큰 둑이 있었어요. 아버지는 둑의 가장 끝자리에 집을 지으셨어요. 물론 이것을 집이라고 부를 수는 없지요, 마치 헛간 같은 걸 만드셨어요. 그리고 우리 방은 바로 절벽에서 대충 5-6미터 높이에 있었어요. 그렇게 저희는 살았어요. 그 후 아버지와 함께 한국의 독립 운동을 했던 사람들이 돈을 모아 아버지에게 집을 지어주었어요. 크진 않았지만 방이 두 개였어요. 예전에 한국 사람들은 집에 방을 만들지 않고 단순히 반으로 나누어 한 쪽에 사람이 살고, 다른 쪽에는 다른 사람들이 살았죠. 난방은 온돌이었어요. 우리 삶은 이랬습니다. 그 후 그곳에서도 더 이상 살 수가 없게 되었어요. 첫째, 아버지께서 아무것도 할 수 없게 계속 감시가 이어졌기 때문이었죠. 두 번째는 아버지가 일을 안 하셨어요. 그리고 그곳에서 징집이 시작되자 아버지는 징집되었고 40년에 이곳 사할린에 오게되셨죠. 우리는 토로, 아시나요? 지금은 샥툐르스크라고 불리는 곳에 왔습니다. 그리고 42년까지는 하마토루에서 살았어요. 그 후 아버지는 일을 해서 모은 돈을 한국으로 보내기 시작하셨죠. 그리고 우리 가족 그러니까 어머니와 다섯 아이가 이곳으로 왔고, 아저씨(삼촌)과 사촌 누이도 같이 왔답니다. 제가 거의 장남이었습니다. 누이가 하나 있었는데 13살이었고 제가 11살이었습니다."[5]

"일부 사람들은 2-3년 기간의 노동계약서에 따라 사할린에 입도했습니다. 우리 아버지께서도 그렇게 이곳으로 오신 거죠… 아버지는 일을 잘 하셨는데, 탄광 사장이 아버지의 그런 모습을 보신 후, 1년 더 있으라고 설득했답니다. 아버지께서 말씀하시기를 몇 명의 사람들이 일 잘하는 사람들을 그렇게 설득했다고 합니다. 그런데 고향에 부모님이 아버지를 기다리고 계셨죠, 정혼한 사이도 있었고요. 그런데 아버지께서는 고향으로 돌아가시질 않으셨고, 결국 부모님이 아들을 따라 이곳으로 오셨답니다. 그런데 이미 1945년이 되었고 그렇게 이곳에 남아서 살게 된 것이죠.[6]"

"1900 몇 년도 그러니까 제가 2학년이 되었을 그때쯤에 아버지

5) НА СОКМ. Оп. 1. Д. 833. Интервью 32.
6) НА СОКМ. Оп. 1. Д. 833. Интервью 4.

가 징집되셨습니다. 39년에 일본인들이 아버지를 보시냐코보로 끌고 갔습니다. 끌고 가듯 일터로… 데려갔습니다. 잘은 모르지만, 아버지께선 센터에 몇 번 다녀오셨고… 거기서 징집 당했는데, 처음에는 출퇴근을 하셨지만… 2주 정도. 저는 처음에는 아무것도 몰랐습니다. 기억에 남는 것은 아버지가 겨울에 떠나셨다는 겁니다. 정확하진 않은데 1월 아니면 2월이었을 겁니다. 38년에서 39년으로 넘어가는 때였습니다. 제가 4월에 2학년으로 진학했는데 아버지는 그보다 앞서 떠나셨죠. 1월이거나 2월, 아니면 12월이었을 겁니다. 왜냐하면 제가 아버지랑 같이 학교를 다녔거든요. 학교가 지역 중심지 근처에 있었기 때문에 같이 다녔던 건데, 저는 그날 아버지기 떠나시는 걸 몰랐습니다. 저는 아무 것도 몰랐습니다. 나중에 편지가 왔는데 아버지가 직접 쓰신 게 아니라 다른 사람이 써준 거였습니다. 아버지께서 가라후토, 그러니까 사할린으로 가신 것을 알게되었습니다. 그때도 지금과 같은 주소였는데 일본 상형문자로 주소를 썼습니다. 편지는 집배원이 가져왔습니다. 뭐, 그들은 시골 먼데까지 다니니까, 우리 동네에서는 자전거를 타고 다녔습니다. 그가 가져온 편지에 가라후토라고 적혀 있었습니다. 일본인 학교에서는 항상 지도를 걸어 놓는데, 거기에는 일본 영토가 붉은 색으로 칠해져 있었습니다. 그래서 저는 가라후토가 어디에 있는지 알 수 있었습니다. 그때는 일본이 한국 전역을 자기 영토로 빨갛게 색칠했고, 사할린의 절반, 쿠릴 열도 일부분 빨갛게 칠했습니다. 그래서 가라후토가 어디에 있는지 알았습니다. 아버지가가 일하시는 곳도 역시 쓰여 있었습니다. 나중에, 100루불, 그러니까 100엔을 보내줬습니다. 그 당시 100엔은, 그게 얼마나 큰돈인지 아십니까, 지금의 백만엔도 비교가 안 될 정도의 금액입니다. 그가 떠나고 반년 뒤 어디에선가 보낸 것입니다. 두 번째로는 150엔을 보내줬습니다. 43년까지 5년 동안 이렇게 2번 돈을 보냈습니다. 그 이후 단 한 푼도 보내오지 않았습니다. 아빠는 내가 학교에 다니고, 살기 힘들다는 것을 알고 있었고, 그래요, 그는 우리 살림살이를 알고 계셨어요. 돈이 있었다면 그것이 10엔이든 20엔이든 보내셨을 겁니다. 그런데 없었던 거죠. 우리는 더 이상 살 수가 없었습니다. 일은 누가 할까요? 제게 형과 할아버지, 할머니가 계셔서 다행입니다. 그들은 들에서 일을 했고 저도 쉴 새 없이 항상 일을 했습니다. 엄마는 아빠 없이는 살 수가 없었고, 농사일은 무엇인가를 팔아야 하는데, 그러려면 어디든 가야하고, 나는 못 가고, 할아버지는 이미 늙어서 60세이고. 그러니 힘들었습니다. 엄마가 이건 사는 게 아니다, 아버지에게 가는 게 낫겠다고 하셨습니다. 그곳에서 무슨 일이 벌어지는지 우리도 몰랐고, 아버지는 제3의 인물을 통해서 편지를 보내셨습니다. 아버지는 일본어를 모르시는데, 편지는 왔고, 그럼 제가 한국어로 읽었습니다. 43년 8월에 가족 징용이 있었습니다. 이전에 징용된 사람들의 가족이 남아 있으면 그들을 데려 갔습니다. 어머니가 어디에선가 그런 소문을 들으시곤 형이랑 함께 아버지에게 가자고. 더 이상 이렇게 살 수 없다고 말하셨습니다. 엄마가 센터에 가서 사람들, 그러니까 광산에서 온 대표단을 만났습니다. 아버지를 만나셨는지 통화를 하셨는지 하여 어쨌든 아버지도 동의하셨고, 9월로 준비해서 떠나자고 했습니다. 그리고 2달 동안 준비했는데, 사할린은 먼 곳입니다. 진짜로 지도를 보세요, 멀지요. 하루 이틀이 아니라 며칠이 걸립니다. 그래서 음식, 옷, 모든 것이 필요했습니다. 그렇게 가족이 모였고, 우리 가족만이 아니라 50명 정도가 모였습니다. 모든 지역에서 모였습니다. 대부분이 아이들과 여자들이었습니다. 그들 중 4명의 여자가 막 결혼하여 아이가 없었고 나머지 여자들은 모두 아이를 데리고 있었습니다. 그렇게 모여서… 저는 집에서 9월 5일에 출발하여 부산에 도착했습니다. 거기에서 큰 증기선이 다녔습니다. 저는, 그러니까 아무데도 가본 적이 없었기 때문에 증기선을 처음 보았습니다. 그래서 저는 증기선이 집 같은 거라고 생각했습니다. 정말 컸습니다. 《콩고 마루》라고 불렸습니다. 이 배는 44년 미국에 의해 침몰되었답니다. 제가 사할린에서 신문을 읽고 안 사실입니다. 그때 선생님이 아이들과 함께 저를 배웅했습니다. 저는 그래요 벌써 5학년이어서 권위도 있었습니다. 저를 잘 배웅해 주면서 선생님들이 동해에 잠수함이 다니고 있어서 무슨 일이 벌어질 수도 있으니 조심하라고 말씀해 주셨습니다. 그런 말들이 있었지만, 저는 아무것도 겁나지 않았습니다. 그냥 그런 말이 돌았습니다. 배에 탔을 때 마음속으로 정말 무슨 일이 벌어지지 않을까 생각했습니다. 겁이 났죠… 부산에 도착했고, 50가족이 모였습니다. 먼저 이순(Исун), 그리고 나중에 부산에 도착했습니다. 먼저 버스로 이순에 도착한 다음, 이순까지 막 부설된 철도를 따라 기차로 이동했습니다. 13년 인생 동안 정말 처음으로 기차를 봤습니다. 기차를 타고 부산에 도착해서 호텔로 갔습니다. 그리고 다음날 출발했습니다. 그곳에서는 2명의 가이드가 있었는데 1명은 일본인 다케우치였고, 다른 1명은 한인 치키시루였습니다. 이 한인은 통역사였고, 일본인은 노동청에서 일하는 사람이었다는 것을 나중에 알았습니다. 일본인은 아주 잘 생겼고 친절했습니다. 도착해서 모두 그곳에서 밤을 보냈고, 다음 날 부두로 갔습니다. 거기에 얼마나 많은 군인과 견장 찬 이들이 있던지, 그때 일본 군대가 만주에서 남쪽으로 쫓겨났기 때문에 자리가 없었습니다. 저는 일본어를 할 줄 알았고, 형은 조금 할 줄 알았으며, 여동생과 엄마는 전혀 몰랐습니다. 그들은 비록 일부지만 수를 줄이기 위해 우리 같은 가족을 선택했습니다. 우리는 다음날 시모노세키에 도착할 예정이었습니다. 우리를 따로 보냈고 우리는 다음날까지 기다렸습니다. 그들은 전화로 호텔과 이야기했고, 호텔 사람들이 우리를 맞이하는 자리에 우리가 도착했습니다. 이렇게 일본으로 이사를 왔고, 집주인이 우리를 맞이했습니다. 우리는 거기서 3일 살다가 도쿄를 통해 가는 것은 금지되었기 때문에 시모노세키로, 또 오사카로, 오사카에서 후쿠이로 이동했습니다. 후쿠이와 니가타를 거쳐 오모리에 도착했습니다. 그리고 오모리에서 배를 타고 갔습니다. 배는 《마미야 마루》라고 불렸고, 거기에서 배를 타고 하코다테까지 이동했는데 우리는 그곳에 들리지 않고 직접 오타루로 갔습니다. 거기에서 무언가 짐을 실었고, 저는 생전 처음 설탕이라는 걸 봤습니다. 배가 설탕을 나르고, 내리는 일을 했기 때문입니다. 오타루에서 2~3일 짐을 싣고 내렸고, 오타루를 거쳐 사할린에 도착했습니다. 오타루와 사할린 사이의 바다가 무척 요란했기 때문에 사람들은 모두 죽은 듯이 누워 있었습니다. 모두가 시골에 살았고 그런 배를 타본 적이 없었죠… 거기다 그런 폭풍우까지. 또 잠수함 때문에 불을 끄고 어둠 속에서 며칠을 항해 했는지 모릅니다. 그리고 나서 아침이라고 말해서 일어났더니 약간 잠잠해진 상태인데, 도착했다고 말합디다. 그래서 나와서 봤더니, 진짜로 멀리 언덕이 보였습니다. 네벨스크였습니다. 네벨스크에 상륙했는데 날씨가 좋았고, 거기서도 짐을 상하역하는 통에 이틀을 쉬었습니다. 벌써 5학년이었던 저는 야구를 했는데, 그곳에서도 공을 던지고 받으며 놀았습니다. 훈련 받던 해병들이 특별한 글러브를 가지고 있어서 그들과 함께 공을 주고 받았는데, 제가 공을 잘 받아줬습니다. 그리고 나중에 그 일본식 전투모를 쓰고 왔습니다. 학교 모자처럼 불편했는데 형이 이렇게 가기는 마음이 안 편하다며 가게에 가자고 말했습니다. 형에게는 아마도 돈이 있었을 겁니다. 얼마나 가져왔는지는 모르지만 집을 팔았기 때문입니다. 집은 60엔에 팔았고, 이렇게 생긴 (그림을 그린다) 집 두 채가 있었고, 전부 텃밭이었죠… 60엔에 팔았습니다. 정말 쌌는데, 그때는 그랬어요. 둘이 가자. 우리는 말을 할 줄 알았기 때문에 가게에 들렀는데, 거기에 챙 달린 모자가 걸려 있었습니다. «배급표를 주세요.», «무슨 배급표요?», 우리는 무슨 배급표를 말하는지 전혀 몰랐습니다. «우리는 배급표로 팝니다.», «저희는 한국에서 온 배에서 왔습니다.»라고 설명했습니다. 상당히 불편한 게 9월이면 이곳은 벌써 약간 쌀쌀한데, 한국은 아직 덥죠. 우리는 «우리에게 파세요.»라고 부탁했지만, «안됩니다.»라고 대답했습니다. 43년 9월은 이미 식료품 뿐 아니라 다른 모든 것의 판매에도 전적으로 배급표 시스템이 정착되었던 시기입니다. 그렇게 우리는 살 수가 없었기에 포기했습니다. 안 주겠다는데 뭐 어쩌겠습니까? 싸울 수도 없고. 그냥 가게에서 물건들을 구경했는데, 좋은 것인지 아닌지 모르겠습니다. 이제 기억이 나지 않습니다. 우리는 그 모자를 사러 들어갔었거든요. 그리고 나왔습니다. 부츠도 사고 싶었습니다. 저는 여름 슬리퍼 차림으로 이곳에 와서 추웠습니다. 요즘은 샌들이라고 부릅니다. 한국에서 여름에는 샌들이나 «게다»를 신었습니다. 일본 «게타»요. «게다» 아시죠? 나무 신발이요. (웃는다) 거기서 우리는 다시 배를 탔는데, 우리는 배에서 내려 네벨스크에서 호텔에 투숙하지 않고 그냥 배에서 묵었습니다. 선박 «마미야 마루»의 다음 목적지는 우글레고르스크였습니다. 우글레고르스크에는 9월 24일에 도착했습니다. 그곳에서 25명이 하선했습니다. 종착지였던 거죠. 그곳에서 하선하여 우글레고르스크의 호텔에서 밤을 보냈습니다. 일본인들은 아마도 미리 단체 예약을 했던 것 같습니다. 모두가 그곳에서 살았는지는 모르겠지만, 50명 정도가 숙박했습니다. 그곳에서 밤을 보내고 난 후 다음 여정을 시작했는데 육로가 아니라 소형 발동선을 타고 다시 항해를 했습니다. 우리는 소형 발동선, 즉 스쿠너를 타고 보시냐코보(Бошняково)까지 갔습니다. 약

8시간 정도 걸렸습니다. 보시냐코보는 국경선에서 남쪽으로 60킬로미터 떨어진 곳에 있었습니다. 보시냐코보에 도착했는데 때는 이미 5시였습니다. 사할린에서 9월 말이면 5~6시면 어두워지기 시작했는데 우리가 그때 도착한 겁니다. 발동선은 멈췄고 작은 배를 손으로 노를 저어 접안했습니다. 해변에는 사람들이 많았고, 광부들이 가족과 자녀들을 맞이했습니다. 잠시 후 이전에 자신의 가족들을 맞이했던 사람들이 마중을 나왔습니다. 우리도 내려서 즉시 클럽에 갔습니다. 그곳에 음식이 준비되어 있었는데 정말 맛있었습니다. 밥, 제일 중요한 건 밥을 얼마든지 먹을 수 있다는 것이었고, 두 번째로 맘에 든 것은 빛이었습니다. 한국에는 그런 거, 그러니까 전구가 없었고, 그냥… 그런데 이곳에선 모든 곳에 빛이 있었고 좋았습니다. 먼저 정착한 지역 한인들이 삶은 감자도 권했습니다. 감자도 역시 맛있었습니다. 한국에서도 감자를 심긴 하지만 단지 기호식품용으로 조금만 심습니다. 그리고 햇빛이 강렬해서 맛이 매우 씁니다. 제가 고구마냐고 물었더니 아니라고 그냥 감자라고 대답했습니다. 모두에게 집이 분배되었습니다. 환영회는 끝났고 가족들은 각자의 집으로 갔습니다. 아빠도 어딘가에 아마도 새 집을 얻었을 겁니다. 우리도 출발했습니다. 집에는 불과, 전기, 화장실이 있었습니다. 그리고… 물은, 집에는 없었지만 5~6킬로미터 떨어진 곳에 특수 급수장치가 있어서 대여섯 집이 사용할 수 있었습니다. 집에는 커다란 나무통만 있었는데 저녁에 거기에 물을 길어놓으면 아침까지 충분했습니다. 제일 중요한 것은 전기가 무척 마음에 들었다는 것이다. 그리고 집도 2층 건물로 기다란 모양이었는데 5~6 가족이 살 수 있었고 막사라고 불렀습니다. 나무 막사였는데 합판으로 덧댄 것이었습니다. 겨울에는 추워서 난로가 없으면 살 수가 없었습니다. 주철로 된 난로였는데 이 난로에 불을 피우면 불이 잘 붙었고 따뜻했습니다. 불이 꺼지면 1시간에서 1시간 반이 흐르면 방이 금세 추워집니다. 그 대신에 좋은 것도 있었습니다. 비누가 좋았는데, 한국에서 우리는 비누를 보지 못했습니다. 뭐, 비누가 있기는 했지만 시골에는 없었습니다. 목욕탕도 있었습니다. 마을에 두 개의 목욕탕이 있었습니다. 광부와 주민들이 있는 곳에는 좋은 목욕탕이 있었습니다. 이런 것들이 마음에 들었습니다."[7]

---

7) НА СОКМ. Оп. 1. Д. 833. Интервью 9.

2. 가라후토에서의 생활

그림. 39. 나이부티 탄광의 주 수평갱도 (비코프) // ГИАСО. Фотофонд. Оп. 1. Е д. x p. 568

유즈노사할린스크 제6목재공장의 노동자였던 남인섭은 다음의 사건에 대해 이야기해주었다.

"그래요, 저는 "나이부티" 광산에서 근무했습니다. 저희는 대충 천 여 명 정도였어요. 저희는 추운 임시 막사에 거주했습니다. 좁고 더러운 작은 방에서 20 명씩 지냈다고 상상해보십시오! 얇은 담요 하나를 주면서 두 명이 덮으라고 했죠. 교대를 하려면 6미터나 되는 수갱을 지나가야 하죠. 이게 많이 가는 걸까요, 아니면 조금 가

는 걸까요? 생각하기 나름이겠죠. 저희는 묽은 콩죽이 든 나무 그
릇을 하루 치 식사로 받았습니다. 그걸로 힘을 낼 수가 있겠어요?
저항하는 사람들은 무섭게 때렸습니다. 막장에서는 거의 매달 사고
가 일어나 사람들이 죽었지요, 하지만 그들을 묻어주지도 않았습니
다. 모든 걸 기억해낸다면 한 편의 비극적 장편소설을 쓸 수 있을
겁니다." [13, 25쪽]

소련에 대해 전혀 호의적이지 않은 박노학은 다음과 같이 회상했다.

"저는 "나이부티" 광산에서 대략 한 달 정도 일했습니다. 지하
땅굴에 머무는 것은 정말 끔찍했지요. 언제 어디에서 천장이 무너
질지 모르니까요. 저희는 12시간 마다 두 번씩 교대를 하며 근무했
습니다. 광산에서의 작업이 육체적으로 고된 노동이다 보니 먹는
것이 당기죠. 아침을 먹고 광산에 내려가도 계속 배가 고파 우리는
어쩔 줄을 몰랐어요. 그래서 저희가 싸온 점심을 자주 미리 먹어치
우곤 했지요, 나중에 어떻게 될지는 생각도 않고 말이에요. 어떤 음
식이었냐고요? 1/3이 쌀인 쌀죽과 나머지는 콩, 말린 청어와 짠 우
엉이었어요. 그게 다였어요." [13, 25쪽]
"제 아버지께서 일본인 밑에서 어떻게 일하셨는지 말씀해 주셨
습니다. 갱차가 나무를 싣고 가고 100명 노무자로 이루어진 한인
무리들은 2~3개의 들보를 들고 탄광까지 8백미터를 뛰어야 했답니
다. 그리고는 다시 돌아오고 그렇게 여러 번 했데요. 그 다음에 일
을 하셨는데, 그 버팀목이 다할 때까지 버팀목을 설치하면서 석탄
을 캤답니다. 버팀목이 있는 만큼 앞으로 전진을 하면서 석탄을 캐
는 거고, 캔 석탄만큼 임금을 받았답니다. 탄부들은 버팀목을 들고
뛰었는데, 누가 더 많이 가져가는지 경쟁을 했답니다. 일부 탄부들
은 버팀목을 2미터가 아닌 4미터나 5미터 간격으로 설치하는 위험
을 무릅썼는데 나중에 붕괴사고가 발생하여 불구가 되거나 죽기도
하는 그런 일이 반복되었답니다. 일본인들은 그런 행동을 금지시켰
답니다… 임금을 주기는 했는데, 반은 직접 지불해주고 나머지 절
반은 장부에 기재했답니다. 처음에는 아버지를 모집해갔지만, 강제
로 사할린에서 일하셨고, 2년이 지난 후에 집으로 돌아오셨습니다.

아버지는 돈을 다 써버리셨는데 결혼이 하고 싶어졌고, 돈이 다시 필요해졌죠. 그래서 직접 돈을 벌어 보시겠다고 다시 사할린으로 향하셨습니다만, 그곳에서 전쟁이 일어났고 결국 돌아오실 수 없었 습니다.[8]"

저명한 지역학 연구자인 가포넨코(К. Е. Гапоненко)는 다음과 같 이 기술했다:

나는 예전에 종종 나이든 한인들에게 이 결정적인 시기 및 일본 인 치하에서의 삶에 관한 질문을 던졌다. 그들은 과거에 대해 한 마 디로 "최악이지! 정말 형편없었어!" 라고 반응을 보였다. 노인들은 자세한 내용을 알아내려는 나의 노력을 심각한 것이 아니라, "그게 중요한가?"라고 말하며 일종의 거북한 것으로 받아들였다. [20]

사할린에는 아직까지도 '이중징용' 당했던 이들의 자녀들이 살고 있 다. 응답자들은 그 비극적 사건을 다음과 같이 기억하고 있다.

"엄마가 저를 배고 계실 때… 그러니까 1944년에 일본인들이 우 리 아버지를 징용해갔답니다. 저는 평생 동안 아버지를 보지 못했 죠. 일본인들이 아버지께서 일하시던 탄광을 폐쇄한 다음에 징용해 가버렸죠. 전후에 할 게 아무것도 없었고 아버지께서도 돌아오실 수 없으셨습니다. 아버지는 한국으로 오셨는데, 어머니께서 1991 년 일본에 가서 그곳에서 아버지의 가족을 찾았답니다. 그런데 그들이 말하기를 아버지께선 한국에서 80년대까지 살다 돌아가셨 답니다."
"일본인들과의 관계는 괜찮았습니다. 뭐, 모욕은 사실 어느 곳이 나 똑같습니다. 소수민족은 어떤 사회에서도 자신이 정당한 대우를 받고 있다고 느끼지 못합니다. 그러나 지금 우리는 물론 스스로가 충분히 훌륭하다고 느끼지만, 그래도 어쨌든 그런 느낌이 들기도

---

8) НА СОКМ. Оп. 1. Д. 833. Интервью 7.

그림 40. 천태식(1930년 생), 응답자, 교사(1950-1964), 사회활동가

합니다. 어쩔 수 없는 일입니다... 그러나 일제시대에 일본인들이 원한 것이 무엇이었습니까? 그들은 어떤 부분에서는 우리를 매우 업신여겼습니다. 한국과 일본이 하나라고 했음에도 불구하고... 물론 그건 전부 상부에서 그냥 하는 소리였죠. 사람들 사이에는 그런 게 있습니다. 지금도 있고, 앞으로도 있을 것입니다. 심지어 학교에서도 그렇게 말했습니다. 우리 한인들은 마늘, 후추를 섞어 먹었는데 일본인들은 그걸 싫어했습니다. 김치를 싫어했습니다. 그때는 싫어했는데 지금은 좋아할지 모르겠습니다(비웃듯 웃는다). 그 당시 한인은 이만한 크기의 점심 도시락이 있었습니다. 요즘은 학교에서 급식을 먹지만, 각자 6센티미터 정도 깊이의 알루미늄이나 나무로 된 도시락 통을 가지고 있었습니다. 거기에 밥을 담고, 그 위에 통이 하나 더 있는데 거기에는 반찬을 담습니다. 집에서 싸옵니다. 점심은 1시쯤 먹었고, 학교가 커서 1교대 였습니다. 선생님들과 함께 식사했는데, 밥 먹기 전에 맹세 비슷하게 감사합니다...라고 말했습니다. 그리고 함께 먹었습니다. 만약 한국 아이 중 집에서 엄마가 김치를 싸줄 경우, 냄새가 반 전체에 났는데, 특히 봄에 그랬죠. 일본인들은 김치를 싫어했습니다. 그래서 그들은 한인은 나쁘다고 말했죠. 그건 좋지 않은 일입니다. 그러나 학교에서 공부를 잘하면... 저는 그런 권위를 누렸습니다. 몇몇에게는 즉시 «너 뭐하니?»라고 말했습니다. 한인을 비하하는 별명도 불렀습니다. 영 마음에 들지 않았죠. 소비에트 사회에서도 우리를 모욕적으로 불렀습니다. 만약 그냥 한인이라고 부른다면 반대하지 않습니다만, 비하하는 뜻이라면 무척 모욕적입니다. 지금도 마찬가지입니다."

3. 1945년 8월의 비극적 사건

사할린 한인 디아스포라 역사에서 가장 비극적인 하나의 사건은 진격하는 소련의 적군에 대한 공포와 패전으로 인한 정신적 스트레스를 받던 혼돈 속에 몇몇 사할린 마을에서 일부 일본 민족주의자들이 이웃에 사는 한인을 무자비하게 죽인 1945년 8월의 사건이다.

안타깝게도 이 사건에 대한 정보는 현재까지도 학문적 검토를 받지 않았다. 충분히 가치 있는 학문적 연구가 이루어지지 않은 이유는 당시 역사적으로 조성된 특수한 상황에 있다.

1945년 8월의 비극적 사건에 대한 늙은 한인들의 이야기와 증언은 이에 대해 말하기를 두려워했던 그 시기에도, 그리고 러시아의 민주적 개혁 이후에도 간혹 수면 위로 부상했다. 하지만 이 이야기는 참으로 산발적인 성격을 띠며 기술하고 있는 사건, 날짜와 장소 등이 일치하지 않아 어른들이 아이들에게 들려주는 무서운 이야기를 더 연상시켰다. 소문은 한인 디아스포라 사이에 퍼져있었으나, 그것을 충분히 확증할 만한 문서가 없어서 소문으로만 남아있었다.

상황은 일본에 거주하던 한국인 김경숙 씨가 1992년 사할린에 오면서 바뀌었다.[9] 1945년 8월 초 일본 행정부는 다른 여자나 아이들처럼 그녀와 그녀의 어머니를 가라후토에서 홋카이도로 대피시켰습니다. 한편 그녀의 아버지 김경백(53세)과 그의 동생 김원대(18세)는 이전 거주지인 현재의 포로나이스카 시 근처의 가미시스카(레오니도보) 마을에 남게 되었다. 50여 년간 그녀와 그녀의 가족은 가라후토에 남아있던 친척으로부터 아무런 소식도 받지 못했다.

---

9) 그린(В. Гринь)은 자신의 저서에서 그녀를 대한민국 국민인 K 여사라고 부르고 있다. [22, 61쪽]

김경숙은 여러 기관에 아버지와 삼촌의 생사를 밝혀달라고 요청했다. 그녀의 이야기에 관한 기사가 "새고려신문"(Сэкорё синмун)에 보도되었고 이 신문의 기자들(특히 뱌 나제즈다 안드레예브나[Бя Надежда Андреевна])과 한인 디아스포라의 사회활동가들이 조사에 나섰다. 김경숙은 유명한 사할린 출신의 작가 가포넨코와 사건 발생 당시의 전직 소련 KGB 조사팀 - 러시아 보안국 사할린 지부 직원 그린(В. Гринь)[10]을 소개받았다. 그녀는 나이든 한인부터 사망한 친척과 관련된 모든 정보를 구해달라고 꾸준히 요청하여, 아버지와 삼촌의 불행한 운명에 대한 정보를 이미 구한 것 같이 보였다.

블라지미르 니콜라예비치 그린은 얼마 후 김경숙의 친척이 다른 18명의 한인들과 함께 1945년 8월 17일 카미시스카 경찰국 소속 헌병대의 손에 사망했다는 자료가 담긴 형사소송사건 문서를 발견했다. 그린은 2008년 형사소송 사건의 문서를 바탕으로 이 슬픈 사건을 기술한 중편소설 "평생을 이어온 이별"(한국어 번역은 "오늘도 아물지 않은 쓰라린 상처" - 역주)을 발간하였다. 이 책은 즉시 러시아어와 한국어로 세상에 나왔고 2010년에는 일본어까지 총 3개 국어로 번역되어 재판이 출간되었다.

또한 콘스탄틴 예로페예비치 가포넨코는 미즈호 마을(포자르스코예)에 거주하는 27명의 한인이 일본 제국주의자들(이번에는 경찰이 아닌 시민들이었다)에 의해 집단으로 학살된 유사한 다른 형사소송 사건의 문서를 입수했다. 가포넨코는 1992년 "미즈호 마을의 비극"라는 책을 써서 출간하였고 이 책은 2012년 재판이 발간되었으며 한국어로도 번역("사할린 미즈호 마을의 비극" - 역주)되었다. 2016년 8월 필자는

---

10) 블라지미르 니콜라예비치 그린은 이 부서에서 대령까진 승진하였다.

그와의 인터뷰 도중 가포넨코가 자신의 중편소설에 기술했던 문서에 대해 질문했다. 그는 문서의 사본이 러시아 연방보안국(KGB의 후신 - 역주) 문서보관소에서 일시적으로 제공한 것으로 이후 보관소에 돌려주었다고 대답하였다. 애석하게도 콘스탄틴 예로페예비치는 2019년 1월 23일 운명을 달리했다.

1945년 8월의 끔찍했던 날들의 비극적 사건을 담고 있는 "미즈호 마을의 비극"과 "평생을 이어온 이별" 등 두 책의 공로에 의심의 여지가 없음에도 불구하고 이 두 권의 책은 문학작품이다. 작가들은 사건과 관련된 사람들의 이름을 바꾸었고 문학 작품적 특성을 많이 삽입했으며 그린은 가공의 인물도 추가했다. 우리는 이 사건이 실제로 일어난 것임을 알지만 그렇다고 학문적 연구에 착수할 수 없다.

유감스럽게도 해당 자료는 지금까지 비밀문서로 분류되어 있고 연구자들에게는 허용되지 않고 있다.[11] 나중에 이 상황이 바뀔 수도 있지만 현재로서는 사할린 지역전문가의 몇몇 연구에 만족할 수밖에 없다. 이들 업적의 개관은 아래에 제시되어 있다.

고로베츠(В. Горобец)는 1945년 8월 사건을 연구하여 "사할린 박물관 소식"이라는 저널에 게재했다.

박수호 씨는 자신의 저서 "사할린의 한인"에서 다음과 같이 서술하고 있다:

> "1945년 8월 적군(赤軍)이 진격할 당시 사할린의 일본 민족주의자들은 일본 패망이 한인의 잘못이라는 소문을 퍼뜨렸고 한인 대량 학살을 비밀리에 준비하고 있었다. 번개처럼 들이닥친 적군은 끔찍

---

11) 미즈호에 관한 문서들은 2021년에 비밀 해제되었으며, 그 사본이 사할린 주 지역 박물관의 과학기록보관소에 양도되었다. 그 문서에 대한 연구는 지금도 이어지고 있다.

한 비극을 피하는 데 큰 도움을 주었다. 그러나 포로나이스크, 스미르니흐, 홀름스크, 우글레고르스크와 다른 곳에서는 일본인들이 일부 한인을 성공적으로 학살했다."[14, 43쪽]

이러한 장소 중 하나가 1945년 8월 일본 현병대 건물에서 20명의 한인을 총살하고 태워버린 바로 레오니도보(가미시스카) 마을이었다. 이 사건에 대해 1992년 5월 나에게 말해준 사람은 포로나이 지역 전문가 니콜라이 비시네프스키(Николай Вишневский)였다. 그는 나를 이 불행한 사건의 잔재를 수색하는데 참여하도록 초대했다. 1992년 6월 초 나는 그와 함께 레오니도보 마을에 도착했다.

다우징 기법(사이코 메트리를 비롯해 진자나 막대기를 이용해 특정 장소를 감지하는 기법 - 역주)의 탐사를 이용하여 우리는 사형이 집행된 장소, 그리고 나이든 한인의 증언에 따라 한인의 유해가 매장된 일본 시민 방공호 또한 성공리에 찾아냈다. 공사의 규모가 우리 힘으로 감당하기 어려워지자 현지 주민들은 굴삭기를 구할 수 있게 도와주었다. 은신처를 발견한 우리는 실망했다. 그곳에는 아무런 유골이 없었기 때문이었다. 거기에선 기이한 모습의 사무라이 검과 녹이 슨 줄만이 발견되었다. 기법의 범위가 마을 너머 북쪽 먼 곳을 가리켰지만 발굴 작업은 이 단계에서 중단되었다. 나는 이 기법을 믿지 못했다. 그리고… 헛된 것이었다.

2년이 지난 어느 날 나는 포로나이스크 여행, 그리고 이 "전설"에 대한 나의 느낌을 비코프 마을 출신인 친구 박승운과 함께 나누었다.

- 내 친구는 그게 전설이 아니라 실제로 일어난 비극이라고 말했다.

1994년 5월 21일, 내가 옮겨 적은, 아무것도 고치지 않은 그대로 그가 한 말을 전하겠다.

- 나는 그 당시 13살이었어. 우리는 쇼토이(현재의 마트로소보) 마을에 살고 있었지. 아버지는 "텐 토쿠 쿠미" 건설회사의 건설현장소장으로 일하고 계셨어. (위도)50도선 전쟁(남 사할린 해방을 위해 제79보병사단의 전투가 있었던 곳 – 역주)이 끝난 어느 날 늦은 저녁 레오니도보 출신의 한인 히로야마가 우리 집을 찾아왔어. 그는 며칠 전 일본 헌병대에 출석하라는 명령을 받았다고 이야기해주었어.

그는 계속해서 이렇게 말했다. "내가 그곳에 도착하자, 내가 러시아 스파이라고 말하더라고(나는 레오니도보에 전략적 의미의 도로와 공항을 지었어). 우리는 대충 20명 정도 모여 있었어. 한명씩 방으로 부르더니 총을 쏘았지. 이런 비명소리가 들렸어. "제발 쏘지말아요!… 저는 일본과 천황의 편입니다! 엄마!… 아버지!…" 하지만 그들은 계속해 총을 쏟아댔어. 나를 부르더니 역시 총을 발사했지. 나는 의식을 잃었어. 내가 정신을 차리자 연기와 피 냄새가 진동을 했어. 나는 화장실 창을 넘어 밖으로 나와 도망쳤어. 도중에 소총을 든 일본인 두 명이 보였어. 나는 방공호로 피해 며칠 동안 숨어있었지. 대충 뭔가를 먹고 붕대를 감았어. 총알이 왼쪽 어깨 쪽의 가슴을 빗맞았거든."

우리 집에서 하룻밤을 보낸 그 친구는 계속해서 말하기를, 그러고는 남쪽으로 떠났어. 왜냐하면 우리가 대가족이라… 먹을 게 충분치 않았거든. 생선과 감자가 조금밖에 없었지, 일본인들이 식량창고와 상점들을 모두 불태워버렸어.

9월 언젠가 러시아인 두 명(한 명은 통역관이었어)이 우리를 찾아오더니 말했지. "쌀 받으러 레오니도보에 가시오." 우리는 쌀을 받자마자 사형이 집행된 장소에 가보기로 했어. 아버지와 삼촌은 불탄 자리를 파헤치기 시작했지. 그러자 불에 탄 뼈들이 엄청 나오는 거야. 그것을 모두 긁어모아 묻어주었어. 눈물이 나더라. 그리고는 마트로소보로 돌아왔다네…

나는 바실리에게 그 오래된 사건이 일어난 장소를 방문하자고 간청했다. 친구들은 우리가 이 여행을 할 수 있도록 도와주었다.

박승운은 죽은 분들을 위한 기념비를 그곳에 세우지 않았는데, 헌병대가 바로 그곳에 있었기 때문이라고 강조했다.

나와 니콜라이 비시네프스키는 헌병대 자리를 정확하게 가늠할 수 있었다.

그러나 이번에도 매장 장소는 찾을 수가 없었다. 그리고 그렇게 얼마 지나지 않아 고고학자이자 지역 전문가인 블라디미르 페도르축(Владимир Федорчук)이 1948년 해당 지역을 청소하는 도중 발견한 유해들을 오래된 한인 묘지에 매장했다고 말해주었다.

말하자면 첫 방문 당시 추는 정확하게 보여주었지만 내가 추와 내 자신을 믿지 못했던 것이다…

일본인들은 패전하자, 한인을 몰살하기로 결정했습니다. 처음에는 물에 빠뜨려 죽였고, 나중에는 총살했습니다. 다 죽일 수가 없었는데, 러시아인들이 갑자기 빨리 들어왔기 때문입니다. 그리고 러시아인들은 일본인을 총살하라는 명령을 받았습니다. 이를 재빨리 알아차린 일본인들이 한인들을 일본인으로 지목하기 시작했습니다. 이에 러시아인들이 한인도 총살하기 시작했습니다. 그러던 중 소령이었던 고려인 한 명이 이를 이상하게 여겨 상관에게 보고했습니다. 그때서야 발포 명령이 변경되었습니다. 소문… 온통 입으로 퍼진 소문이 돌았습니다. 여기로 러시아인이 도래하기 전에… 진격 전에, 군사 행동 전에. 일본인들이 한인 때문에 전쟁에서 졌다고 한인을 비난했습니다. 이해하시겠어요? 스파이라고, 한인이… 그래서 모든 한인을 몰살하려고 한 것입니다. 남겨두지 않기 위해서, 데려왔으면 데리고 가기도 해야죠. 그러지 않으려고 그들은 한인들을 없애기로 결정한 것입니다. 중국인도 조금 있었는데… 먼저 중국인을 물에 빠뜨려 죽였습니다. 여기서는… 남쪽의 어떤 지역에서는 많은 이들이 총살당했습니다… 한 곳에 묻어버리고. 많은 사람을 총살에 처했으며, 바지선을 침몰시키기 시작했습니다. 러시아인들이 쫓아내기 시작했으며… 가장 조용한 지역이었습니다. 돌린스키 지역은 가장 조용한 지역이었는데… 그들, 즉 일본인들은 여기까지 오지 못했습니다. 러시아인들이 적시에 왔고… 그래서 가장 조용한 지역으로 간주됩니다. 다른 지역에서는 특히 항구가 있는 지역은 늘 무슨 일이 생겼죠. [12]

---

12) НА СОКМ. Оп. 1. Д. 833. Интервью 4.

그림. 41. 레오니도보(가미시스카) 소재 한인 사망자 추모비. 2018년.

그림. 42. 소련 장교들이 시쿠크스키 관구의 경찰청장이 키토이 마을[13]에서 철수를 거부한 일부 한인 가족을 산 채로 화형시키라고 명령했는지 심문하고 있다. 1945년 // ГИАСО. Фотофонд. Оп.1. Ед.х р. 10.

---

13) 포로나이스크 지역의 니톤(현재 이름) 마을을 염두에 둔 것으로 보인다. 이

한 사할린 노인은 1945년 8월 사건에 대해 다음과 같이 회상했다.

　　45년에는 아직 그런 이야기가 없었고, 48년에서 50년쯤 그런 소문이 돌았습니다. 우글레고르스크에서 발생했습니다. 네… 2명의 한인 형제를 일본인들이 죽였는데, 그 형제가 일본인들에게 떠나라고 말했기 때문입니다. 남아있던 일본인들은 야수 같은 자들이어서… 그들을 감시하려고 러시아인이 왔습니다. 그런 이유로 죽인 것입니다. 그들은 이곳에서 떠났지만 자식들이 남았습니다. 48년에서 49년쯤에 이런 이야기가 있었습니다. 그냥 소문이었습니다. 신문도 없었고, 아무것도 없었습니다. 제가 말하고 싶은 것은, 무언가 있었다는 것입니다. 이건 개인적인 분노가 아닙니다. 우리도 처음에는 일본인들과 함께 피난했습니다. 구분하지 않았습니다. 15~16일이 지나면서 한인을 분리시켜서 광산 근처에 두고, 자기들은 새로운 곳으로 갔습니다. 이건… 나중에 노인들이 말하기를 한인을 죽이려고 했다는… 그런 일도 있었습니다. 그러니까 이걸 잘 조사해야 합니다. 아주 중요하고 흥미로운 일입니다. 그리고 유즈노사할린스크와 포자르스코예, 레오니도보였는데, 이것들은 책에서도 나오고, 나한테도 자주 질문하고 그랬습니다. 저는 신문에서도 읽고, 듣기도 하고… 레오니도보에 김경순이란 할머니가 아직 살아있는데, 그녀는 재판을 받았습니다… 이유는 그녀는 한인인데 왜 18일에 일본으로 떠날 수 있었느냐? 그녀는 일본인과 함께 피난을 갔습니다. 아버지와 삼촌은 이곳에 남았습니다. 정확히는 모르겠고 그냥 추측입니다. 이게 하나고, 둘째는 미즈호인데, 거기서도 죽였습니다. …가미시스카는 그렇다고 쳐도, 친딸을 찾고 있으니… 미즈호에서는 사람을 찾지 않습니다. 왜? 그 사람들은 누구였습니까? 이걸 조사해야 합니다. 일본인들도 내게 물었습니다. 당신은 어떻게 생각하십니까? 만약 그곳에 상주 주민이 살고 있었다면, 미즈호에 그들의 가족뿐만이 아니라 다른 가족들도 살고 있었을 것

사건에 대한 기록은 우리에게 없지만 이 사진을 찍은 사람은 적군 종군기자이며 본인의 서명을 남겼다는 것만 알려져 있다. 차후 사건의 전개나 세부사항은 우리에게 알려진 바 없다. 하지만 이 사진은 다른 간접적인 사건들과 함께 당시 사할린에서 일본인들에 의해 자행된 한인 살해에 대한 소문이 널리 퍼져있었다는 것을 증명해주고 있다.

이며, 더구나 거기는 농사를 짓는 곳이었다고 저는 대답했습니다. 저는 그냥 허구이거나, 아니면 뭔가 있었다면 조사할 필요가 있다고 생각합니다. [14]

4. 디아스포라 내 다양한 소수민족집단 간의 상호관계

소비에트 시기에 한인 디아스포라 구성에 있어 큰 문제는 한인 디아스포라 내부의 다양한 집단 간의 대립이었다. 이 문제는 드물게 사료편찬에서 제기되었지만 몇몇 저작물에서 사할린 한인 디아스포라의 개별 단체에 대한 주제와 그들 간의 관계에 대한 문제가 어느 정도 언급되기도 했다. 이것은 가장 중요한 문제 중 하나이기 때문에 여기에 좀 더 자세하게 살펴보기로 한다.

박형주(당시의 사건에 대한 회상을 기록한 모음집인 "사할린 르포"(한국어로는 사할린 소식)의 저자)는 한인협회의 내부 반목에 대해 언급하며 사할린 지역의 한인을 세 그룹으로 나누었다. 이 그룹은, 바로, "선주민", "큰땅배기"와 "파견노무자"[15]로 불렀고 이렇게 구분한 근거는 첫째, 이 그룹(또는 이들의 조상들)의 구성원들이 사할린에 왔던 당시의 상황, 둘째, 방언과 표현형(생물에서 겉으로 드러나는 여러 가지 특성)에 따른 것이었다. 박형주는 "선주민"과 "큰땅배기" 사이에 존재했던 다소 긴장된 관계도 지적했다. [92, 37-41 쪽]

러시아 사료 편찬학에서 최초로 사할린 디아스포라사에 관심을 가

---

14) НА СОКМ. Оп. 1. Д. 833. Интервью 9.
15) 선주민 – 가장 먼저 정착한 사람들로 "현지인"이다. 큰땅배기 – 대륙에서 온 사람들, 즉 "대륙의 한인들". 파견노무자 – 파견된 노동자(북한사람). 이상은 사할린의 한국어 회화체에서 자주 사용되었던 왜곡된 방언이다.

졌던 학자 중 한 명인 "사할린의 한인들"의 저자인 박수호는 박형주가
시도한 이 분류를 대체적으로 받아들이고 있다:

> "박형주는 한인들을 밀가루 종류와 비교하여 분류하였다: 첫 번
> 째 그룹 - "반텍파리(бантекпари)" 또는 "선주민"(까무잡잡하고
> 에너지 넘치는 얼굴을 갖고 있다). 두 번째 그룹은 - "올마우쟈(ол
> маудя)" (그들은 대륙의 영향인지 갈색에 가까운 얼굴빛을 하며
> 100 명 중 90 명은 키가 컸고 얼굴은 몽골사람을 닮았다), 세 번째
> 그룹은 "파견노무자(пагенномудя)"이나. 이들은 말하는 언어에
> 서도 구분된다. 이야기를 나누어 보면 각 사할린 한인들의 구어체
> 특성에 따라 어느 그룹에 속하는지 쉽게 밝혀낼 수 있다. 또한 박수
> 호는 "물론 사할린 한인은 복잡한 역사적 상황 속에서 형성되었다.
> 또한 사람들이 여러 지역, 다양한 정치적 체제를 가진 나라에서 왔
> 기에 각자 다른 신념을 갖고 있다는 것도 이해할 만하며 어떤 차이
> 의 특징을 발견하는 것은 어렵지 않았다. 그러나 이 모든 사할린 한
> 인의 문제 분석에서 이 특성을 강조할 필요성은 없다. 왜냐하면 그
> 근간에는 한인은 하나의 언어와 공통의 문화를 가진 한 민족이기
> 때문이다." [13, 33-34 쪽]

동시에 박수호는 자신들의 근간에 한인들은 단일 민족이기 때문에
사할린 한인 공동체의 여러 그룹의 특성을 지나치게 강조할 필요가 없
다고 말했다. [14, 111 쪽] 연구자 쿠진(А. Т. Кузин)은 자신의 저서에
서 여러 한인 그룹간의 긴장된 관계를 이 그룹의 다양한 상태(지위)와
연관 지어 지적하고 있다. [61, 75 쪽]

이미 사할린 지역에 거주하고 있던 한인들이 북한 출신의 노동자들
을 대하는 태도는 상당히 긴장되어 있다. 많은 한인들이 이에 대해 "북
한사람"과 교류했던 개인적 경험과 부모님들의 회상에 근거한 것이라
고 말하고 있다. 다음과 같은 말이 종종 있었다. 즉 "아시다시피, 당시
북한 사람들을 썩 좋아하지 않았습니다. 그들은 근로계약이 만료될 때

까지만 이곳에 일시적으로 있을 사람들이었어요. 일도 잘하지 않았고 공공 자원을 아끼지도 않았어요. 그래서 잠깐 왔고, 더 남아있을 것이 아니니깐 그 사람들에 대해 적당한 정도로만 했던 것이요."[16]

"저희는 그들을 결코 좋아하지 않았어요. 우리 아버지도 좋아하지 않았어요, 그들을 붉은 사람들이라며 빨갱이[17]라고 불렀고 아주 좋아하지 않았어요. 또 그들과 사귀지도 못하게 하셨어요…"[18]

"맞아요, 관계는 아주 나빴어요, 모두 함께 모일 때면 반드시 싸움이 일어났죠. 서로가 서로를 아주 미워했어요. 제 생각에 이것은 한국과 북한의 분단으로 인한 것 같아요. 아버지는 전쟁이 일어나기 전까지도 남북 간의 차이는 존재했었다고 말하셨어요. 북은 공업지대, 한국은 주로 농업지대였고 사투리도 달랐으니까요, 하지만 전쟁이 발발하자 특히 더 심해졌죠…"[19]

"관계는 썩 좋지 않았어요. 그들에게 주어진 특혜는 이주자들과 같았어요. 매년 월급에 10 퍼센트 추가금, 휴가 등등. 하지만 저희는 이주자가 아니어서 아무 것도 없었어요, 일은 똑같이 했지만 그들이 더 많이 받아갔죠, 우리는 이것이 아주 분했어요. 게다가 전쟁 – 우리는 많이 듣지는 못했지만, 그래도 남북한에서 전쟁이 일어났다는 소문이 들려왔어요. 저희는 한국 남쪽에서 온 사람이어서 북한에서 온 그들과 항상 언쟁을 벌였고 종종 싸움까지 가곤 했었죠."[20]

그러나 많은 응답자들이 북한사람들과 현지 주민간의 관계가 긴장 관계라는 것에 동의했음에도 불구하고 몇몇 사람은 불화가 있기는 했지만 충분히 적당한 수준이었다고 생각했다.

---

16) НА СОКМ. Оп. 1. Д. 833. Интервью 26.
17) 빨갱이(ппальгэни) - "붉은"을 의미하며 북한 공산당 출신을 경멸하는 용어이다.
18) НА СОКМ. Оп. 1. Д. 833. Интервью 7.
19) НА СОКМ. Оп. 1. Д. 833. Интервью 4.
20) НА СОКМ. Оп. 1. Д. 833. Интервью 9.

"그들은 그렇게 많지 않았어요… 일정 기간 동안 온 사람들이었고 그 후 다시 돌아가야만 했죠. 이곳에서 무슨 일을 저지르면 별도로 교도소에 집어넣었죠. 그들은 귀국하고 싶어 하지 않았어요. 북한에서는 살기가 어렵다고들 말했지요. 그리고 우리와 그들 간의 분열은 당연히 있었지만 아주 심한 것은 아니었고 그런 정도였어요."[21]

1950년대 말부터 사할린 한인에 대한 북한 당국의 정책 역시 "북한 사람들"에 대한 관계에 부정적인 영향을 끼치기 시작했다. 1950년대 나홋카 주재 연해주 북한 총영사관은 사할린에서 활동을 시작했다. 초기 단계에 영사관 직원들의 선동과 적극적인 활동이 사할린 한인 사회에 큰 영향을 끼쳤다. 현지 한인 중 많은 사람이 북한 시민권을 취득했고 일부 한인 청년들은 항시 거주할 목적으로 북한으로 떠나기도 했다.

한편 짧은 기간의 환상이 깨지자 북한의 현실과 북한 정치에 대한 환멸이 찾아들기 시작했다. 예를 들어, 북한 외교관들은 소비에트 기업에서 일했던 사할린 한인들에게 사실상 산업 스파이 활동에 참여시켜, 최신 생산품과 신기술을 "조국"에 보고하도록 요구하였다.

이러한 시도는 대부분 성공을 거두었는데, 이 중 1950년대 중반 북한 당국은 일본에 일본 거주 한국인 단체인 조총련을 결성하는 쾌거를 이루었다. 몇 십 년 동안 이 연맹은 재일 한인 공동체에서 지배적인 역할을 했으며 실제로 그 안에는 학교, 신용 센터, 문화와 스포츠 집단을 가진 "국가 속의 국가"를 만들었다. 이 외에도 조총련 노선에는 약 9만 5천 명의 재일 한인들이 북한(모든 재일 한인들의 북한으로의 본국송환이 향후 조총련의 공식 목표였다)으로 갔다. 사할린과 일본열도의 한인 공동체 역사에 적지 않은 유사점이 있다는 점을 고려한 북한 당국이

---

21) НА СОКМ. Оп. 1. Д. 833. Интервью 18.

일본에서 거둔 성공을 사할린에서도 재현하려고 시도한 것은 놀라운 게 아니다. 하지만 효과적이고 당국으로부터 독립된 단체를 만드려는 시도는 실패로 끝났다. 소련의 지도부는 이러한 시도를 부정적으로 대했다. 또 예상할 수 있는 것처럼, 소련의 권력 구조는 일본의 해당 기관보다 훨씬 더 효과적이고 빠르게 이 어려운 문제를 해결하였다. 이 경우 피해자 측은 면책특권을 받을 수 없는 외교관들이 자기편으로 끌어들이려고 했던 사람들이었다.

북한 측의 제안, 즉 모든 사할린 한인을 격리수용하기 위해 준비했던 "한인 특별 수용소" 건립 계획안이 사할린 한인 공동체의 큰 우려를 불러왔다. 이 계획안은 모든 사할린 한인을 북한으로 본국송환을 앞당기기 위해 북한 당국에게 필요한 것이었다. 즉 이런 송환이 당시 평양의 최종목표였던 것이었다. [59, 155 쪽] 이 계획안은 소비에트 당국의 승인을 얻지 못했다. 사할린 한인의 입장에서 계획안은 얼마 전의 세계대전 당시 파시스트 수용소를 상당히 연상시켰다는 이유에서 추가적인 우려와 공포 외에는 아무것도 불러일으키지 못했다.

또한 사할린에서 북한으로 거주지를 옮긴 사람들에게서 다양한 경로를 통해 입수된 소식들은 북한에서의 일들이 매우 순조롭지 않게 진행되고 있음을 확인시켜주었다. 이것은 사할린 디아스포라에서 북한에 대한 관심을 확실하게 떨어뜨리게 하였다.

북한에서 온 사람들과 한국에서 온 사람들 간의 관계는 점진적으로 개선되었고 결국 사할린에 남은 "북한사람"들은 현지 한인들과 하나가 되었다. 이것은 이전에 언급된 것처럼 1962년 무렵 사할린에 "북한주민"(가족과 함께 남은)이 4천 명이 안 되어, 상대적으로 숫자가 적었기 때문이었다.[22]

---

22) ГИАСО. Ф. 53. Оп. 1. Д. 109. Л. 5.

"북한으로 가려 했지만 보내 주지 않았습니다. 국적이 없으면 데려가지 않았어요. 그래서 북한 국적을 받은 사람들은 60년에 학습센터를 만들었습니다. 그들은 이 센터를 통해 한인이 여기저기로 다닐 수 있도록 하려 했습니다. 소비에트연방 시절 저는 모스크바와 캅카스, 소비에트연방을 빼고는 국경을 넘을 수 없었습니다. 허가를 안 해줬습니다… 네, 만약 국적을 받으면 갈 수도 있었겠지만, 저는 국적이 없었습니다. 많은 사람들이 떠났습니다. 58년에 많이 떠났습니다만 아무도 정리를 하지 않았을 겁니다. 63년, 64년 학기 중에 특별 대표단이 학생을 모아 북한에 갔습니다. 소비에트연방에서 10학년을 졸업하고 국적 때문에 본토에 입학할 수 없는 사람들을 모아서 북한의 대학에 보냈습니다. 그러나 이것 또한 문제입니다. 일부는 돌아오고 싶어 했으나 보내주지 않았습니다. 그런 일이 있고, 지금도 있습니다."[23]

　　1945년 이후 사할린과 쿠릴열도 행정부는 러시아어를 모르고 소련의 사회주의 제도와 삶의 기조(원칙)에 대해 아무런 정보를 갖고 있지 않은 많은 수의 한인들과 상호 협동의 필요성을 깨닫게 되었다. 상황이 이렇다 보니 대륙의 도움이 절실했다. 1860년대 초부터 1920년대 초까지 북한 지역의 많은 한인이 러시아 연해주로 이주했다. 1937년 소비에트 당국은 소련 극동의 이 소수 민족인 한인을 중앙아시아, 주로 우즈베키스탄과 카자흐스탄으로 강제 이주시켰다. 그곳에서 그들은 심한 차별을 당했으며, 특히, 한인들은 소비에트 중앙아시아 국경을 넘을 수 없도록 제한을 받았다.

　　2차 대전 이후 일었던 일부 자유화의 상황에서 중앙아시아 출신 소비에트 한인들은 사할린에서 일자리 구하는 것에 관심을 갖게 되었다. 그들은 통역관, 한인 학교의 교사, 다수의 한인이 근무했던 큰 산업체 행정부서의 고문으로 일하기 위해 입도했다. 바로 이 교사, 통역관, 경

---

23) НА СОКМ. Оп. 1. Д. 833. Интервью 9.

찰과 국가안보기관의 직원, 당원들이 사할린 한인 공동체를 채운, 또 다른 한인 그룹을 구성했다. 그들 역시 사할린에서 "교육자"와 "피교육자"간의 갈등이 불가피하게 발생하게 된 정치적 업무, 과제를 진행해야만 했다(더구나 다수의 사할린 한인은 고향으로 돌아가려고 노력했으며, 맞는 것인지 모르지만, 그들은 귀환을 방해하는 세력을 당국이라고 생각했다).

많은 사할린 한인 1세대는 대륙에서 온 한인들에 대해 역시 매우 부정적으로 기억하고 있었다. "대륙의" 한인들은 특권 의식을 가진 타지 사람들이라고 받아들여졌으며, 그것이 그들이 인망 있는 사람들이 되는 데에 방해요소로 작용했다.

> "자 누구에게나 물어보세요… 그 대륙에서 온 한인들이 우리를 얼마나 억압했는지요. 우리는 러시아어를 하나도 이해하지 못했고 그들이 우리를 짓누르니까 우리는 스스로 살아남아야 했어요. 예를 들어, 우리가 흑빵을 먹을 때, 그들은 흰 빵을 먹었어요. 전쟁이 끝나자 그들은 우리에게 배급전표를 주지 않으면서 우리더러 와서 줄을 서라고 말했어요. 거기서 반나절을 서있었더니, 와서는 줄도 안 서고 자기들 배급전표를… 이런 식으로 우리를 모욕했다고요."[24]

> "전쟁이 끝나고 우리는 스타로두브스코에 마을로 살러 갔어요. 그곳에는 집단농장이 있었거든요. 대륙에서 온 한인들이 모두 지도부였어요. 우리를 얼마나 못살게 괴롭혔는지 저는 이 큰땅배기 놈들을 참을 수가 없었어요, 그들은 우리를 마치 개 대해듯 했어요. 예를 들면, 밭이 있었는데, 내가 거기서 배추를 거두는 일을 했어요… 그러면 배춧잎이 남아 있잖아요, 그들은 우리가 배춧잎 가져가는 것조차 허락하지 않았어요. 우리에게 아무 것도 주지를 않았답니다. 그러나 우리 아버지가 대륙 한인들과 경기를 해서 소를 부상으로 받았어요. 우리는 소를 키웠죠, 이후 아버지께서는 유즈노사할린스크로 떠나고 싶어 하셨어요. 그러자 그 사람들이 우리가

---

24) HA СОКМ. Оп. 1. Д. 833. Интервью 24.

갖고 있는 모든 것을 빼앗아 갔어요, 물론 소도 말이죠. 그리고 나서야 우리는 유즈노사할린스크로 떠날 수 있었어요. 지금이라도 그놈들 모두 없애버리고 싶어요…[25]

"그들은 우리에게 한국어를 가르치기 위해 온 사람들이었어요, 하지만 그들도 타시켄트나 다른 어디에서 온 무식한 사람들이었답니다. 그 사람들은 우리를 가르칠 능력이 없었다는 것을 이제는 압니다. 그래요, 한국말도 서툴렀는데 그들을 책임자로 앉히는 거예요 - 교육도 못 받은 사람들이 무슨 책임자랍니까. 그런데도 그들이 우리를 지휘했어요. 왜냐하면 그들은 모두 공산주의자들이었거든요. 모두가 그들을 증오했어요. 러시아 사람들과의 관계는 괜찮았지만 그들과는…"[26]

우리는 응답자의 거의 모든 사람들이 자신들의 그룹(보통 "우리는, 한인"이라고 규정하는)과 이 "대륙에서 온 한인" 그룹과 분명히 선 긋기를 하고 있다는 사실에 주목하고 있다. 보다시피 이러한 구분은 "북한 노동자들"과의 선 긋기보다 훨씬 강했다.

"어떻게 말하면 좋을까, 관계는 나빴어… 그런데 그들 대부분은 한인학교의 선생님들이고, 우리 한인들은 스승을 존경해야만하잖아. 그래서 우리는 그 사람들을 그렇게 대하려는데… 대체로 우리는 그들이 진짜 한인이라고 생각하지 않았어, 오죽하면 노인들이 그들과는 사귀지도 말라고 그랬겠어. 러시아 사람들과 마찬가지로 결혼도 하지 말라 그랬고. 그래, 왜 러시아 사람이랑 결혼하기 싫은 것은 이해가 되잖아, 한국으로 갈 거라 생각했으니까. 그런데 대륙에서 온 한인은 그냥 싫었기 때문이야…[27]

거의 모든 응답자가 "대륙에서 온 한인" 집단과의 상호관계에 관한

25) НА СОКМ. Оп. 1. Д. 833. Интервью 24.
26) НА СОКМ. Оп. 1. Д. 833. Интервью 6.
27) НА СОКМ. Оп. 1. Д. 833. Интервью 7.

질문에 부정적인 관계라고 답변했다. 특권을 가진 그들의 지위와 "현지 주민들"에 대한 거만한 태도가 그들 간의 상호관계를 복잡하게 만든 주요 요인이었다. 현지 한인의 눈에 "대륙에서 온 한인"은 자신들이 항상 긍정적으로 대했던 것은 아니었던 당국의 대표자였다는 점을 잊어서는 안 된다. 이 집단 간의 소원한 관계는 오래된 일임에도 불구하고 지금까지 응답자의 기억에 또렷하게 남아있다.

5. 소비에트 시대와 소비에트 이후 시대의 한인 문화

사할린 한인 디아스포라에서 의미를 갖는 중요한 문제는 한국어라는 중요한 기초에 근거하고 있는 한국 문화를 이어가는 가였고, 지금도 그렇다. 현재 한국어는 디아스포라에서 거의 사라져, 2010년 한인 공동체 구성원의 98% 이상이 러시아어를 모국어로 받아들이고 있다. 사할린에서 한국어가 사라지게 된 것은 1963년 한국 민족 학교 폐쇄의 결과이며, 그런 정책은 한국 문화를 제한시키기 위해 소비에트 당국이 실시했던 탄압 수단이었다는 의견이 있다.

하지만 상황은, 언뜻 보이는 것처럼, 그렇게 단순하고 단편적이지 않다. 응답자의 기억에 따르면 이것은 현지 당국의 주도적인 일이었을 뿐 아니라 한인들이 직접 밝힌 소망이었기 때문이다. 예를 들어, 당시 한인 학교의 교사로 재직했던 한 응답자는 수업 언어가 바뀌게 된 사실을 다음과 기술하였다.

"우리는 56년에야 라디오 방송을 시작했습니다. 일본인들이 거의 떠난 49년에 신문을 출간하기 시작했습니다. 학교도 있었는데, 64

년에 폐교하려 했는데, …한인 학교를 닫았습니다. 저는 100% 찬성인데.. 왜 그런지 아십니까? 지금도 역시 몇몇 한인 학교가 개별적으로 만들어지고 있습니다. 그래서는 안 되지요!

60년대까지 한인 중에는 한인 학교를 7년 또는 10년 졸업한 사람들이 있었습니다. 아, 60년대에는 졸업생이 적었고, 막 시작한 이들이 있었습니다. 1..2.. 많으면 5%가 전문대에 진학할 수 있었습니다. 러시아어를 전혀 몰랐거든요. 지금도 만약 한인 학교를 졸업하면 진학할 수 없습니다. 선생님들도 준비가 안 되어 있었습니다. 나도 선생으로 일했는데 7학년을 마쳤고, 제가 일본인 학교를 다닌 것이 다행이었습니다. 지식이 있었기에 전문학교를 마칠 수 있었습니다. 저는 사범학교를 빼고 나머지는 전부 원격 교육생이었습니다. 선생님들이 제대로 준비되지 않은 사람들이어서 좋은 지식을 절대 줄 수 없었습니다. 선생님들은 일본인 학교에서 6학년을 마쳤거나, 4학년을 마쳐서 글자를 조금 아는 정도였습니다. 그런 사람들이 일을 했습니다. 그들은 인문학을 몰랐는데, 역사, 물리, 수학 등에 대해 아는 것이 없었습니다. 그냥 언어만 가르치고 끝이었습니다. 60년 이후 한인 학교 폐교되자 모두가 러시아 학교로 전학했습니다. 70년대부터 전문대학에 진학하기 시작했습니다. 요즘은, 얼마나 많습니까! 만약 한인 학교가 있었으면 몇 명이나 진학할 수 있었을까요? 제게 남동생이 있는데 제가 직접 그를 가르쳤습니다. 그는 68년에 입학했고, 한인 학교에서 5학년까지 다녔는데 제가 전부 가르쳤습니다. 64년에 한인 학교가 폐교되어 러시아 학교로 전학했습니다. 그는 학업을 중단하지 않았지만, 몇몇은 중단해야 했습니다. 한인 학교 8학년을 마쳤을 경우, 6학년으로 전학했습니다. 2년을 손해 보는 것이죠. 제 동생은 다행히도 입학했습니다. 그는 작문을 정말 못했고, 저도 작문은 잘 못했습니다. 저는 10학년을 마쳤는데, 러시아어를 잘 사용하지 못했습니다. 러시아학교에서 계속해서 배운 게 아니기 때문이죠. 그래서 그에게 작문이 아니라 요약이나 받아쓰기를 시켰는데, 소비에트 시절에는 민족 학교를 졸업한 학생을 상대로 그렇게 하는 경우가 있었습니다. 많은 제 친구들이 그 당시에, 70년대까지, 즉 75년까지 그렇게 전문대학에 입학했습니다. 그 이후로는 제가 학교를 그만뒀기 때문에 어떻게 되었는지 모릅니다. 이렇게 우리의 아이들이 공부를 할 수 있게 되었고, 제 자식들 역시 전문대학을 졸업했습니다. 한 명은 광산에서 일했고, 8명이 전문대학을 졸업했습니다! 이게 무엇을 말하는 것이겠습니까? 훌륭한 교육 시스템이라는 것이지요! 물론 전문대 학생들의 성적이 좋지 않았지만, 대신 독립해서 일을 할 수 있었습니다. 만약 한인 학교가 계속 있었다면 그럴 수 없었을 것입니다. 그런 경우가 있었는데, 제가 조언했습니다. 학교를 졸업하고, 한국학부에서 공부하면, 전망이 좋지 않다고요! 어떤 전망이냐? 직업을 찾을 전망, 영사관이나 관광업이겠죠. 말도 안 되는 거죠. 자기의 뿌리를 잊지 않을 정도로 조금만 알면 됩니다. 만약 머리가 있다면 그 다음은 알아서 될 겁니다. 저는 그렇게 생각합니다. 당신은 어떻게 생각하는지 모르겠지만. 전망이 없습니다. 일본도 한 번 보세요. 일본에는 60만 명의 한인이 살고 있습니다. 그런데 한인 학교가 있습니까? 아닙니다! 한국어로 된 신문은 단 하나도 발간되지 않습니다. 이것은 소비에트 시절에도 그랬습니다. 정책이 그랬습니다. 뭐, 이젠 그렇지 않지만요. 일부 사람들이 말하기를 소연방 시절 민족학교를 없애버렸다고들 합니다. 사할린에서 그런 일이 벌어졌습니다. 60년에 한인 학교만 재편된 것이 아니라 일반 교육과정 전체가 재편되었습니다. 7년제가 8년제로 바뀌었고, 10년제가 11년제로 바뀌었습니다. 바로 그때 우리 학교가 생겼습니다. 한인 학교를 유지하려면 2~3배 넘는 예산이 필요했습니다. 교과서도 없고, 선생님도 없고, 건물도 없었습니다. 대규모 예산이 필요했고, 게다가 밀집해서 살지도 않았습니다. 지금은 유즈노사할린스크에 많이 살고 있습니다만, 그때는 여기에 40 가구, 저기에 50 가구, 곳곳에 작은 학교들이 있었습니다. 한인 학교에는 30명 또는 40명의 사람이 있었죠. 그때는 초등학교가 4년제였는데 학교를 졸업하면, 그 다음은 7학년제로 학교로 가야 하지만, 수십 킬로미터를 걸어 다녀야 하니, 그곳에 기숙사를 지어야 했습니다. 그러니, 제가 이미 말했듯이, 대학에 진학할 수 없었던 부모들이 스스로 찾아와서 청원서를 제출하니, 저는 이를 거절할 수 없어 전학을 허락합니다. 60년 이후 학생 수는 계속해서 줄어들었습니다. 그래서 폐교하고 전학 가자는 문제를 제기했습니다. 각 지역 대표들이 왔고, 학부모 총회를 열어서 어떻게 할까를 물었습니다. 대부분이 폐교에 동의했습니다. 일부는 4학년까지 남겨두자고 했지만, 그게 됩니까? 다수결이니까 그렇게 한인 학교는 폐교되었습니다. 만약 4학년까지

남겨둔다면, 지금처럼 이런 것을 만들 수 있죠. 그런데 개별적으로
준비해야 합니다…[28]

　우리 젊은 청년들은 한인 학교를 졸업하고도 좋은 직장을 구하지
못하고 대학에 입학할 수도 없었어요. 그래서 후일 다수가 북한으로
갔죠…[29]

　소련의 페레스트로이카 시기와 그 후 소련의 붕괴는 한국 문화를 보
존할 수 있는 넓은 활동무대를 열어 주었다. 그리고 그 무대가 시작되었
다. 한국어 공부의 부활, 관습과 전통을 유지하기 위한 인도자 역할은 사
할린 한인 1세대가 맡았다.

　송환이 이 활동에 큰 타격을 주었다. 한국어, 관습, 전통의 주요 소지
자인 노인들이 떠났다. 이 문제에 대한 한국의 지원이 상당하지만 (사할
린 내 한국 문화센터 개관, 유명 가수나 전통 음악 콘서트 개최, 기타 행
사들), 한국 문화는 점차적으로 현실이라는 시간에 자리를 내어주고 있
다. 실제로 한국어 구사자가 남아 있지 않으며, 젊은이들은 역사적 조국
에 관심이 없고, 디아스포라의 역사도 모른다. 예술가, 시인, 작가 같은
한인 지식인 집단이 사할린에 존재하지만 그 수가 매우 적다.

---

28) НА СОКМ. Оп. 1. Д. 833. Интервью 9.
29) НА СОКМ. Оп. 1. Д. 833. Интервью 4.

그림. 43. 사할린 한인 시인 김진성(Ким Цын Сон) (1918–1973)

그림. 44. 김 아나톨리 안드레예비치(1939 출생), 소련 작가연맹 회원, 유명한 소비에트 작가

그림. 45. 김윤덕의 혼례. 시네고르스크 마을. 1940년대 말 / 시네고르스크 역사박물관 사진 재단에서

그림. 46. 김윤덕의 환갑 잔치. 시네고르스크 마을. 1983년. / 시네고르스크 역사박물관 사진재단에서

그림. 47. 환갑 잔치. 유즈노 사할린스크 시. 1983년.

그림. 48. "코스모스(우주)" 경기자에서 한인 축제. 달리기 시합. 1989년.

그림. 49. 여가를 즐기는 사할린 한인. 1991년.

그림. 50. 돌잔치. 유즈노 사할린스크. 2012년.

민족문화 자치제 창설과정은 극장과 학교가 문을 닫았던 1960년 중반에 중단되었고 이것은 한국 민족문화 발전에 부정적 영향을 끼치고 결국 디아스포라 대표자들이 모국어를 알지 못하게 되는 결과를 초래하였다. 하지만 이러한 손실에도 불구하고 한인들은 고국에 대한 기억을 항상 소중히 간직하였고 가족의 풍습을 지켰으며 자신의 본(뿌리)을 기억하였다.

한국인의 성은 역사와 지명과 밀접한 연관 속에서 만들어지며 본은 그 사람의 조상의 출신 지역명이고 공식 문서에는 포함되지 않는 특이한 지명을 말한다. 한국인의 성은 약 250 개를 넘지 않지만 모든 성은 특정한 본을 가진다.

민족의 전통을 보존하는 것은 사할린 한인의 민족 자의식을 형성하는 데에 중요한 의미를 갖는다. 이처럼, 오래된 풍습에 따라 각 사람의 삶에는 "네 개의 상"이 있어야만 한다: 돌 – 아이의 첫 번째 생일, 잔치 – 결혼, 환갑 – 60 회 생일 잔치와 제사 – 조상의 추도식이다. 이 순간은 전시해놓은 사진으로 기억한다.

페레스트로카는 사할린 한인 역사에 새로운 페이지를 열었다. 유즈노 사할린스크와 서울을 연결하여 동시에 송출한 첫 번째 텔레비전 방송, 1 세대의 역사적인 모국 첫 방문과 그를 잇는 송환, 한국과 소련의 공식 외교 관계 수립, 러시아 한인의 복권은 사건, 그 자체였다. 1988년 유즈노 사할린스크에서는 북한 예술인의 공연이 있었고 1년 후에는 사할린 주 예술 박물관(COXM)에서 북한의 전통 조형예술 전시회가 개최되었다. 한국어와 문화의 부활에 사할린 사회단체가 지대한 역할을 하였다. 사할린 국립 대학교 역사학부에 한국어 교육을 위해 동방학과가 개설되었고, "민족"(Этнос) 어린이 예술 학교 산하에 한국어과가 개설되었으며, 일련의 학교에서 한국어 교육, 사할린 주 예술 박물관 컬렉션에 "현대 한국 예술"이 지속적으로 전시되었으며, "새고려신문"이 발행되었고, 사할린 국립 텔레비전 라디오 채널에 한국어로 "우리말방송" 방송팀이 결성되었으며, 한국 문화 센터의 활동과 같은 이 모든 것이 오늘의 현실이다. 한편 사할린 한인의 역사는 사건과 사실의 연결고리일 뿐 아니라, 사람들이 무엇보다 이 사건의 단순 목격자가 아니라 이것을 만든 장본인들이다. 한인들은 사회적 활동과 국가 활동의 모든 분야에 적극적으로 참여하고 있다. 그들 중에는 지역의 시장과 지역(시) 의회(두마)의 위원, 사할린 지역 정부의 차관, 예술가와 작가, 학자와 음악가, 엔지니어와 의사, 기업인과 운동선수 등이 있다… 고향의 이름을 떨치는 한인 디아스포라의 가장 훌륭한 구성원들은 최고의 국가 훈장과 사회 노동 영웅, 문화와 교육, 다양한 분야의 경제의 공훈자이며 또한 시와 지역의 명예 시민과 같은 칭호를 갖고 있다.

그림. 51. 주명수(1948년 출생), 선화가, 화가 ┊ 그림. 52. 양 세르게이 준호예비치 (1949년 출생), 작가, 시인

그림. 53. 헤(허) 로만 (1949년 출생), 시인, 음영시인, 통역관, 작가

그림. 54. 조손영(1960년 출생), 화가, 러시아 예술가 협회 회원

그림. 55. 이예식 (1949년 출생), 사진가, "새고려신문" 신문 기자

그림. 56. 김춘자 (스베틀라나 미하일로브나) (1951년 출생), 기자, "사할린" 국립 텔레비전 라디오 채널 "우리말 방송" 한국어 방송 설립자

그림. 57. 배(바) 빅토리야 이듀노브나 (1965년 출생), 기자, "새고려신문" 한국어 주 편집장

그림. 58. "코스모스"(우주) 경기장에서의 한인 잔치. "민족"팀의 공연. 유즈노 사할린스크 시.
2010년.

그림. 59. "코스모스"(우주) 경기장에서의 한인 축제. 씨름 경기. 유즈노 사할린스크 시.
2010년.

그림. 60. "코스모스"(우주) 경기장에서의 한인 잔치. 달리기 시합. 유즈노 사할린스크 시, 2010년.

6. 러시아인과의 관계

러시아인과의 관계는 다양했다. 누구는 평화롭고, 충분히 사이좋게 지낸다고 말할 것이고 누구는 소비에트 시대에 차별과 탄압을 겪어 분노를 느낄 수도 있다. 하지만 소비에트 시기의 두 민족 간의 관계는 우정과 상호 협력의 관계로 보는 시각이 보다 더 일반적이다.

예전 제 학교 학부형들의 기억은 다른 시대에 걸쳐있었습니다. 그들은 어떻게 한국을 떠나 알려지지도 않은, 예전에 가라후토라고 불리던 남 사할린에 왔는지, 얼마나 힘들게 여기서 정착했으며, 얼마나 힘든 일을 그들이 직접 해냈는지, 그들의 청춘이 얼마나 우울하게 지나갔는지를 기억합니다. 전환기는 45년 8월이었습니다. 당시 김양옥은 겨우 17세가 되었을 때였죠. 그녀는 악한 일본인들을 무서워했습니다. 그녀는 어른들이 속삭이는 말을 불안한 맘으로 귀기울여들었습니다. 촌장은 행정 당국의 철수 명령을 고지하면서, 러시아사람들이 죽이고, 강탈하며, 강간하고 아이들을 불덩이에 내던지고 산채로 피를 빨아 먹으러 온다며, 사람들에게 겁을 주었습니다. 지금 그녀는 그들이 며칠을 숲속에서 헤매었고, 멀지 않은 곳에서 벌어지는 전투 소리를 들으며 공포심을 견뎌내었는지, 로켓의 번쩍이는 폭발, 불길의 빛, 어둠을 관통하는 기관총의 연발 사격이 훤히 비쳐주는 방향을 보며 끔찍한 이틀 밤을 어떻게 떨며 보냈는지를 웃으며 말해 주고 있습니다.

마침내 사격이 잠잠해졌습니다. 그들은 몹시 허기지고 지친 상태로 집으로 돌아왔습니다. 몇 대의 자동차가 서있는 거리로 나갔습니다. 그들이 처음으로 자동차 바퀴 옆에 앉아있는 러시아 병사를 보았습니다. 아마도 졸음운전으로 차가 망가졌나봅니다: 군모가 비스듬히 삐뚤어져있었고 입은 약간 벌어져있었습니다. 그럼에도 가슴에 있는 기관 단총은 두 손으로 꼭 붙들고 있었지요.

사람들은 수풀에서 밖으로 나가기가 겁이 났습니다. 병사를 바라보며 속삭였지만 그는 잠에서 깨어나지 않았습니다. 모두들 옆을 슬쩍 지나갈까 아니면 버젓이 그에게 다가가볼까 생각하였습니다.

그러다가 만약 비몽사몽간에 총을 쏘아댄다면 어쩌지? 그런즉, 어쨌든 그를 깨워야했습니다.

병사에게 여자애를 보냈습니다. 잠시 숨을 돌린 소녀는 작은 나뭇가지로 그를 건드렸습니다. 병사는 잠에서 깨 벌떡 일어나 총을 등으로 돌려놓고 이 소녀를 어떻게 해야 할지를 모른다는 듯 주위를 둘러보았습니다. 그러자 모두들 손을 든 채 수풀에서 나왔습니다. 병사는 뭐라고 큰소리를 질렀습니다. 아마도 손을 내리라는 것 같았습니다. 그들은 곧바로 무릎을 꿇었습니다. 병사는 더욱 화를 냈습니다. 그들은 끝장이구나! 라고 생각했어요. 그러나 사격소리가 뒤따르지 않았어요. 그리고 양옥은 천천히 고개를 들었습니다. 병사는 배낭에서 주먹 크기의 흰 설탕 덩어리와 군화 목 부분에서 숟가락을 꺼내더니 후하고 분 다음 내리쳐 조각을 냈습니다. 조각은 작게 부서졌고 병사는 손을 뻗었습니다. 드세요! 하지만 그 누구도 손을 갖다 대지 못했습니다… 마침내 장교복을 입은 한 한인이 다가와 그들과 인사를 나누고는 전쟁이 끝났고 일본인들은 도망쳤으며 이제는 아무도 두려워할 필요가 없고 누구도 여러분을 해치지 않을 거라고 말해주었습니다. 그들은 돌아보며 집으로 돌아가던 중 새로운 병사들의 대열과 맞닥뜨렸습니다! 그들은 다시 손을 들고 같은 말을 반복했습니다. 대한 독립 만세! 대한 독립 만세! 마주한 병사들이 미소를 지으며 그들에게 손을 흔들었습니다. [20]

어쨌든… 소비에트 시절 1950년까지는, 아니면 1949년까지는 사할린에 두 개의 권력이 동등했습니다. 모든 문서가 일본어와 러시아어 2개의 언어로 작성되었는데 한인들은 일본어도 러시아어도 몰랐습니다. 이게 하나이고, 둘째, 일본어는 그래도 조금이라도 말할 수 있었지만 러시아어는 단 한 명도 몰라서, 널 죽일 거야 그래도 아무 말도 할 수가 없었습니다. 그래서 한인들은 50년까지 정말 힘들었습니다. 그리고 이곳으로 동원되어 온 러시아인들에게는 6개월 마다 10% 보너스가 제공되었지만 우리에게는 제공되지 않았습니다. 저는 50년부터 일하기 시작했습니다. 더구나 그 이후 모두가 침묵하고 있는데, 지금 젊은이들은 아무 것도 모릅니다. 유즈노사할린스크를 누가 누구의 돈으로 건설했을까요? 46년부터 58년까지 매년 전후에 설정된 국채를 발행하고 투자했습니다.

러시아인에게는 10%를 주고, 우리에게는 아무것도 주지 않았습니다. 그리고 또, 특히 휴가비는 러시아인들이 우리보다 5~6배 더 많이 받았습니다. 우리는 아주 조금 받았습니다. 왜냐하면 평균 임금으로 받았는데, 1년 평균 임금을 나누면 그들은 돈이 많았고, 우리는… 속상하죠. 인생이 그랬습니다. 구세대 한인 중 일부, 즉 저는 스스로 구세대라고 생각하지 않습니다. 구세대는 아마도 제 할아버지였을 겁니다. 2세대도 그런 모욕을 받았습니다. 그래서 저는 58년에 소비에트 국적을 받고 모스크바로 떠났습니다. 이후에 저는 이 주제에 대해 장관이랑 이야기를 나눴는데 그때는 제가 아직 한인 학교에서 일할 때였습니다. 저는 한인 학교에서 65년까지 근무했습니다. 15년 동안. 광산에서는 일했는데 한인 학교가 없었습니다. 뭐, 있을 수도 있었지만 교사 월급이 적었습니다. 남을 수도 있었지만 저는 원하지 않았습니다. 그래서 재교육을 받았습니다. 야간 학교를 다녔습니다. 이 당시, 60년까지 한인들의 생활수준은 매우 낮았습니다. 소비에트 시절 시장을 허가한 것이 다행입니다. 집에서 채소를 키워, 시장에서 자유롭게 팔 수 있었습니다. 60년부터 이런 식으로 살기 시작했습니다. 경제적으로도 여유가 생겨 조금 나아졌습니다. 또 좋은 것으로는 53년 무렵부터 선택적으로 소비에트연방 시민으로 받아줬다는 것입니다. 53년 전까지는 괜찮았지만 60년대, 70년대 이후에는 국적이 없으면 매우 힘들었습니다. 이사나 다른 여러 가지들과 관련하여 허가를 받을 수 없었기 때문입니다. 노인네들은 속상했지만, 실제로 그랬습니다. 국가안보의 문제로서, 일본인들과는 그런 관계였기에 그런 절차를 가졌습니다. 그래서 예를 들어 한인들이 본토에 가야할 경우 여권을 조사했지만, 만약 소비에트 국적이 있으면 자유롭게 표를 살 수 있었습니다. 일부는 그렇게 다녔고 다른 사람에게 표를 사주기도 했습니다. 사실 그들 중에 암거래상이 있기도 했습니다… 한인이 46년부터 50년까지 정규직으로 일하지 않았다는 말이 괜히 있는 게 아닙니다. 왜냐하면 그들은 한 달 뒤에 한국에 가게 될까, 1년 뒤에 가게 될까, 계속해서 생각했기 때문입니다. 그래서 그들은 정규직으로 일하지 않고 돈을 많이 준다는 곳에서 임시직으로 일했습니다. 따라서 러시아인들은 한인들을 좋아하지 않았습니다. 여기로 갔다, 저기로 갔다, 오늘인 여기에서, 내일은 저기에서 그러니, 처음에는 한인들을 엄하게 대했습니다.

52년에는 일본이 이미 조약(샌프란시스코 평화조약을 말하는 것으로 보인다 – 역주)을 체결했고, 일본인도 아직 있었습니다. 그래서 저는 러시아어를 잘 못했습니다. 일부는 당연히 우호적이었습니다. 아, 저는 50년에 한인 학교에서 근무했습니다. 러시아어를 그렇게 잘 하지는 못했습니다. 필요가 없었습니다. 저는 올해든, 내년이든 한국으로 귀국하여, 그곳에서 직업을 구할 것이라고 생각했습니다. 러시아인들은 제게 잘 대해줬고, 특히, 대학을 졸업하고 학교에서 근무했던 젊은 아가씨들이 잘 대해줬죠. 당시 한인 학교와 러시아 학교가 같은 건물에 있었습니다, 23살, 24살 먹은 아가씨들이 있었습니다. 정말 좋은 아가씨들이었습니다. 그들이 제게 충고해줬고, 그래서 저는 모스크바에 다녀왔습니다. 추가 수당을 전혀 받지 못했지만, 법이 그랬으니…[30]

많은 사람들이 원했습니다. 저의 아버지도 역시 이곳에서 죽을 것이라고는 전혀 생각도 못했을 거고, 저도 언젠가는 가겠지, 가겠지, 가겠지. 그래서 저도 58년에서야 소비에트 국적을 받았습니다. 이럴 줄 알았더라면 더 일찍 받았을 테고 그러면 뭐든 더 할 수 있었을 텐데. 국적이 없는 사람은 육지로 나갈 수 없었습니다. 그래서 한인들 대다수는 정규직으로 근무하지 못했습니다. 그들은 한국으로 가야지라고 생각했습니다. 그 당시 49년까지는 기업을 일본인과 러시아인이 운영했습니다. 일본인들은 러시아인들에게 한인에 대해 좋게 말하지 않았습니다. 그래서 러시아인들은 한인은 나쁘다고 생각했습니다.[31]

7. 사할린 한인 송환 운동

매일 한국으로 돌아가려 했습니다. 모두 그랬습니다. 일부는 전쟁이 끝나자 라디오를 가지고 있었고, 일본 방송을 들었습니다. 일본 방송만 들었습니다. 러시아어나 다른 언어는 몰랐습니다. 다른

---

30) НА СОКМ. Оп. 1. Д. 833. Интервью 9.
31) НА СОКМ. Оп. 1. Д. 833. Интервью 9.

방송은 없었고, 그들은 오직 일본 방송만 들었습니다. 한국에서 일어난 일, 미국 군대가 북쪽에서부터 철수하고 있으며, 러시아 군대도 떠나고 한국에서 선거가 진행되고… 이런 모든 것들을 일본에서 방송해줬습니다. 사람들 모두가 알았습니다. 한 명이 알면 그게 말로 다 전해졌습니다. 매번 어떻게 돌아갈까, 언제 돌아갈까 이야기가 있었습니다만, 지금까지 못 돌아갑니다… 그리고 그 사람들은 배우지 못한 사람들이었기 때문에 요구가 제대로 전달되지 못했습니다. 만약 제대로 요구했다면 소비에트연방이 그렇게 하지 않았을 겁니다. 그들은 공산주의자였습니다. 사람들은 모두 평등합니다! 그들이 일본인보다 더 잘 압니다. 소비에트연방은 지금까지 전쟁 중에 행방불명된 사람을 찾지 못하고 있습니다. 제대로 요구를 했어야 합니다. 파업이 아니라… 코르사코프에서 74, 75년에 몇몇 가족이 북한으로 떠났습니다. 소비에트연방에서 그 당시에는 한국으로 떠날 수 없었습니다. 왜냐하면 한국과는 외교관계가 전혀 없었기 때문입니다. 그건 어떤 국가든 마찬가지입니다. 사람들이 이에 반대하기 위해 직장에 출근하지 않았습니다. 만약 지금 유즈노사할린스크에 국가에 반대해 보십시오. 그들이 어떻게 할까요? 좋게 말해주겠습니까? 원치 않으면 집에 가고… 원하면 우리가 데려다 주마… 바로 이렇게 됩니다. 이런 문제에서는 옳은 요구를 하는 방법이 맞고, 다른 방법은… 뭐, 일부는 이런 일 없이도 일본으로 떠났고… 일본과 관련을 맺었던 사람들은 조용히 떠났습니다. 그런데 그 사람들은 파업을 원했습니다. 그 당시 파업은 하면 안 되었습니다. 대화는 대화로. 또 하나, 잘 모르시겠지만, 조선공산당을 만들려고도 했습니다. 그들은 벌써 50년부터 일을 시작해서 사할린 조선공산당이라고 이름을 붙였습니다. 그런 당을 만들고 싶어 했습니다. 그 다음 스탈린 시대에 52년쯤, 10년형을 받았습니다. 우두머리 한 명이 한국으로 떠났습니다. 그 사람을 제가 아는데, 신조우라고[32] 사할린 교대에 최초로 입학한 사람입니다. 교대는 2년제였고 사범대학은 아직 없었습니다. 사범대학은 54년, 55년쯤에 생겼습니다. 신조우는 소비에트 권력이 사할린에서의 한인 송환을 실현하도록 공공단체를 만들 목적으로 당을 건설하려고 했습니다. 그 당시 정부는 당은 만든다는 것을 그렇게 받아들이지 않았고 그들

---

32) 응답자는 신종우를 염두에 두고 있다.

10명을 10년간 투옥했습니다. 그들은 사할린에서 왔는데… (스탈린이 - 역주)죽은 뒤에서야, 55년, 56년 석방되었습니다. 최근에 같은 성을 쓰는 신이 죽었는데, 그는 일본어를 아주 잘 압니다. ("신경우"라고 씀) 저는 그와 이야기를 나눴습니다. 그는 한국으로 갔는데, 잘 모릅니다. 그는 최근에 복권되었습니다. 5년 교도소에 있었습니다. 이것에 대해 밝힐 필요가 있습니다.

그림. 61. 1945-1949년 항구에서 한국으로 이송시켜 줄 배를 기다리는 사할린 한인에게 바친 코르사코보 시 그루스찌(애수) 산에 있는 기념비

그림. 62. 소진길(블라지미르 페트로비치) (1945년 출생), 사회활동가, 이중징용된 한인 광부 가족 시민단체 회장

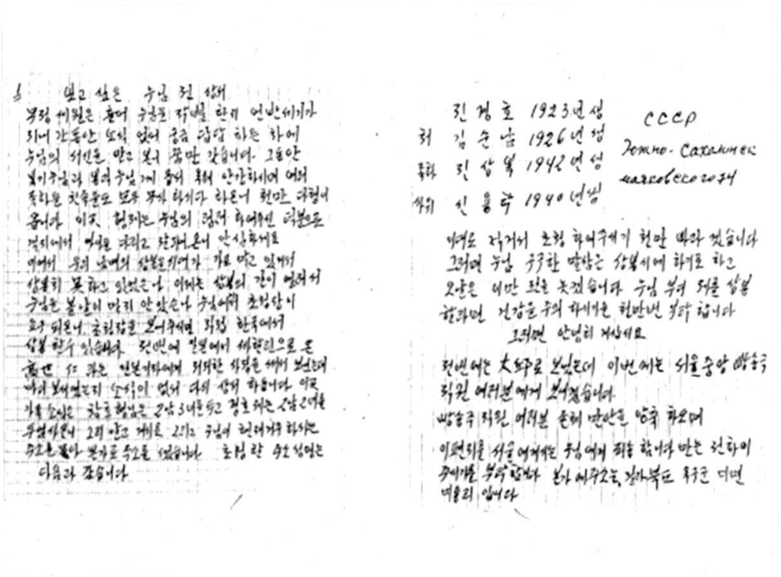

그림. 63. 사할린 한인이 고국으로 보낸 편지.

그림. 64. 유즈노 사할린스크에서 서울로 가는 전세기. 1990년.

그림. 65. 유즈노 사할린스크 공항의 대한항공사 보잉기. 1990년.[33]

그림. 66. 한국으로 가는 첫 비행. 1990년.[34]

---

33) 유즈노 사할린스크시 공항 사이트.
34) 유즈노-사힐린스크 시 공항 사이트.

그림. 67. 공항에서의 상봉. 1990년.[35]

그림. 68. 한국에서 사할린에 도착한 이산가족협회 위원장. 1990년.[36]

---

35) 유즈노-사힐린스크 시 공항 사이트.

36) 유즈노 사할린스크 시 공항 사이트.

8. 사할린 한인의 국적 문제

저는 국적을 바꿨습니다. 한국으로 가기 위해 소비에트 국적을 받았고, 시민권 없이 이사했습니다. 개인적으로요. 따라서 입당할 수 없었습니다. 이후 입당하지 않았죠. 저는 58년 입당하도록 저에게 선생님을 배정해 줬습니다. 그에 더해 형이 있었는데, 저는 그가 일본이나 한국 어디에든 살아 있을 것으로 생각했습니다. 그러면 안 되는 거였는데. 갑자기 그가 뭔가 저지르면, 검열이 있을 테고, 저는 그의 존재를 숨길 수 없게 됩니다. 제가 소비에트 여권을 받을 때 자기소개서를 쓰면서 형이 어디에 있는지 모른다고 자세히 밝혔습니다. 왜 이런 질문이 나오느냐? 당 조직책이 하나 있었는데 그는 타타르인이었습니다. 그가 입당할 때 할아버지를 숨겼습니다. 그가 우리 광산에서 간부로 선출된 지 한 달 뒤 어디선가… 출당을 당하고 본토로 보내졌습니다. 그래서 세 번째 대담, 그러니까 이게 마지막 대담이었는데, 저는 양심이 허락하지 않는 한 할 수 없다고

그림. 69. 일본공사관 건물 앞에서 사할린 한인의 시위 // ГИАСО. 사진기금. Оп. 16. Ед. х p. 710.

말했습니다. 그래서 저는 경력에 큰 손해를 보았습니다. 지금 생각해도 올바른 처신이긴 했지만 말입니다. 그래요. 물론 많은 걸 잃었지만요… 이후 천에게는 아무 일이 없었습니다. 그 어떤 증명서도 그에게 발급해주지 않았답니다.[37]

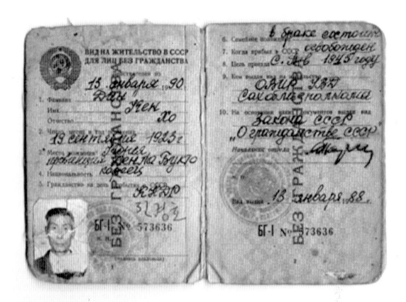

그림. 70. 사할린 한인의 여권. 1988년.

9. 고국에서의 삶

현재 사할린의 한인 공동체 내에는 세대 간에 매우 확연한 경계가 존재했다. 1세대는 시민권(паспорт)의 '생일' 난에 1945년 8월 15일 이전의 날짜가 기재되어 있다. 연령상의 분포는 매우 클 수도 있지만,

---

37) НА СОКМ. Оп. 1. Д. 833. Интервью 9.

위 날짜는 우연히 선택된 것이 아니다. 일본과 한국 정부의 의견에 따르면 현재 진행 중인 사할린 한인 송환 계획의 범위 내에서 오직 그들과 그들의 직계(부부)만이 대한민국으로 영구 귀국할 수 있는 권리를 지니고 있다. 현재 사할린 한인 1세대는 (연령과는 상관없이) 두 개의 집단으로 분류된다. 즉 대한민국의 영토에서 살고 있는 집단과 사할린에서의 거주를 택한 집단이다.

대한민국으로 영국 귀국한 사할린 한인들은 언뜻 보기에 정체성으로 문제를 겪지 않아야 한다. 그러나 이 문제 역시 단순한 것이 아니다. 어떤 생활 조건에 익숙해진 사람들은 이미 충분히 성인이 된 상태에서 다른 사회, 다른 법, 다른 삶의 형태에 익숙해져야만 한다. '송환된' 사할린 한인들의 대한민국에서의 적응과정이 언제나 원활하게 진행된 것은 아니다. 그에 더해 나이와 물질적으로 충분히 안정된 삶으로 인해 한국 사회로의 통합 문제가 매우 첨예한 것처럼 보이지 않았을 뿐이다.

이 문제로 본 저자와 인터뷰한 귀환자는 다음과 같이 언급했다.

> "만약 러시아 사할린에 이런 집을 지어줬다면, 전 여기에 오지 않고 러시아에서 살았을 겁니다. 내가 사할린에서 살 때, 그곳에는 강, 바다, 언덕이 있었죠. 그런데 여기는 아무 것도 없어요. 여하튼 그곳(사할린-역주)이 내 모국입니다." "이곳은 정말 살기 힘들어요... 제 아들들은 이곳에서 살지 않을 겁니다. 걔네들한테 매우 힘들어요. 그래요 저 역시도 우리 아들들이 이곳에서 사는 걸 원치 않고요, 뭐라 해도 러시아가 걔네들한테 더 나은 게, 외국에서는 그런 민족주의가… 우리한테야 상관없지만 우리 아이들한테는 아니죠…" "그래요 한국인들은 우리를 대하는 게 간혹 찾아와선 앉아서 쳐다보는 그런 식입니다. 그러나 그 사람들은 그렇게 우리를 찾아와서는 자기보다 열등하다고 생각하죠." "언어 문제가 심각합니다. 심지어 학교에서 한국어 수업을 받은 사람도 순수하게 북한식 말이었습니다. 그런데 이곳에선 북한과 한국이 조금 차이가 있죠. 익숙

해지기 힘들었습니다. 한국어보다 러시아어로 말하는 게 더 쉬웠거든요. 머릿속에 있는 그 언어는 오래된 언어죠. 부모님은 한국어로 말씀하셨어요… 그래서 이곳에서도 똑같은데, 더 나이가 든 사람들은 무슨 말인지 이해하죠. 그런데 젊은이들은 아니에요. 전혀 아니랍니다. 저도 '모국'이라는 개념을 설명하기 힘듭니다… 전 러시아이자 한국의 이중국적자입니다."

이런 얘기는 대체로 사할린에서 활동적인 삶을 사는데 익숙해져 있었지만 한국에서는 폐쇄된 곳에서 살아야하는 남자들에게서 들을 수 있다. 나이와 이해부족으로 인해 현재 사는 곳에서 나갈 수도 없고, 불가능한 것은 아니지만 더욱 힘든 것은 한국 사회로의 통합이다. 한인 1세대로서 민족적 정체성의 모든 특징을 보유하고 있는 그들은 사할린에서 살았던 60년이라는 기간의 흔적을 지니고 있다.

당연히 이런 발언이 역사적 모국에 있는 사할린 한인들의 상태를 보여주는 주요 지수는 아니다. 한국에서의 생활에 전적으로 만족하는 사람들도 있다. "전 한국에서 태어났어요… 이곳이 내 모국입니다. 우리는 여기가 마음에 많이 들어요. 집도 주고 의료서비스도 매우 좋답니다…" 사할린과 한국에서의 삶을 비교하면 확실히 사할린 보다는 한국이 좋다고 말한다. "러시아 사람들이 과연 우리를 좋아했나요? 우리를 조롱하고 악칭을 붙였잖아요. 그리고 모두들 한국은 못살고 걸식을 하지만, 북한이 잘 산다 그랬어요. 우리도 그렇게 생각했었고요… 그런데 고르바초프 시절에, 그때 올림픽이 있었는데, 모든 사람들은 한국이 그렇게 발전했다는 것을 알게 되었죠. 그제야 우리를 약간 존중하기 시작했지만, 그 이전에는 형편없었어요… 그리고 당연히 우리는 저항하기 시작했죠."

이상을 통해서 민족 정체성은 많은 면에서 구체적인 삶의 상황, 성격, 사람의 개인적 품격, 환경 등에 의존적이라는 사실을 확인할 수 있다. 민족문제에서 어떤 체계성에 대해 언급하는 것은 불가능한데, 심지어 민족적 자기정체성의 모든 징표들을 지니고 있어야만 하는 사람들의 집단을 위해서도 그런바, 역사적 모국으로 돌아간다는 결정을 내린 사할린 1세대의 경우도 그렇다.

대부분의 사할린 한인 1세대들이 한국으로 이주했으나, 아직도 사할린에 남아 있는 이들이 존재한다. 지역사회조직인 '사할린 한인회'의 자료에 따르면 1세대 중에서 현재 약 천 명 정도가 사할린에 남아 있다고 한다. 어떤 이유에서 그들이 역사적 모국으로의 송환을 거부했으며, 민족 정체성 문제가 일련의 그런 이유 내에서 어떤 위치를 차지하고 있는가?

> 저는 한국이 내 모국이라고 생각합니다. 왜냐고요? 내가 거기서 태어났고, 어린 시절을 거기서 보냈기 때문이죠... 내가 이곳에 영원히 남아야 한다는 사실을 마음만으로도 단 한 번도 생각하지 않았어요. 언젠가는 갈 겁니다! 그런데 삶은 전혀 다른 거죠... 아이들이 태어나고 있어요. 공부하고 일하고 경력을 쌓으며 살아가죠... 내가 그들에게 한국에 대해서 말할 수 있는 게 무엇이죠? 전 이제 이거 즉 "어디가 내 모국인가?"라는 문제를 더 이상 절대 제기하지 않아요. 전 내 후손들에게 이 문제에 대해 전혀 가르쳐 줄 수가 없다는 것을 알고 있거든요. 그럼 저에겐 무엇이 남을까요? 우리 아이들이 있는 곳 그것이 바로 제 모국이라는 겁니다.
>
> 한국에선 집도 주고, 연금도 주고 정말 좋습니다... 그러나 난 갈 수가 없어요. 내게 이혼한 딸이 하나 있는데 누가 걔를 봐주겠습니까? 그래서 전 갈 수가 없답니다.
>
> 만약 내가 원했다면 오래전에 갔을 겁니다. 하지만 가고 싶지 않아요. 이 나이에 사는 곳을 바꾼다는 게, 더군다나 기후까지 바꾼다는 걸 원하지 않거든요. 난 한국을 8번인가 10번인가 방문했습니다. 일로 등등 말이에요... 겨울, 여름 등등 계절이 다를 때 한국을

방문했어요... 여름에는 너무 더워서 죽을 지경입니다. 도착하자마자 알레르기 증상이 나타나더군요. 그게 한 이유입니다. 한국에서는 생활비를 주고, 러시아에서 나오는 연금은 저축이 됩니다. 그럼에도 여하튼 매우 검소하게 살아야 해요. 삶을 바꿔야 할 의미가 있습니까? 나한텐 손자가 있는데, 매일 학교가 끝나면 점심 먹으러 나한테 와요. 그게 얼마나 행복한데요. 그런데 한국에는 그 행복을 대신해 줄 게 뭐가 있죠? 내가 한국에 간 사람들을 많이 알고 있는데, 그 사람들 모두 매년 이곳을 방문하려고, 교통비에 돈을 다 써버립니다. 그럴 이유가 뭐 있습니까?

대부분 한국에서 태어나, 그곳에서 유년기와 소년기를 보낸 사람들이 자신은 한국인이라고 정체성을 부여하는 것은 전적으로 자연스럽고 당연하다. 그리고 자신의 언어, 전통, 행위양식, 세계관, 관습에 대한 태도 등 이 네 가지 특징이 한국 문화의 깊은 영향력을 지니고 있다는 점에서 그들(사할린 한인 1세대 - 역주)의 이러한 정체성 부여는 전적으로 정당하다. 동시에 그들은 자신의 이주와 사할린에서의 이후 생활을 객관적 현실로 받아들인 상태에서 거주지로서의 한국과 러시아를 비판적으로 평가하며 실질적 판단력에 기초하여 선택을 하는 편이다. 자녀, 손자손녀, 현재의 삶, 사할린에서 보낸 수십 년의 세월 등은 그들이 사할린에 남기로 결정하게 만든 중요한 요인들이었다.

예를 들어 증언자 중의 한 명은 자신의 죽음에 대해 다음과 같이 얘기하고 있다.

"그래요 그녀가 한국을 방문했을 때, 아마 그녀의 자매들이 한국으로 오라고 얘기한 것 같아요. 그녀는 아이들이 여기 사할린에 있다며 당연히 동의하지 않았죠. 그런데 러시아화한 사할린 여자였던 그녀는 42년도에 이곳으로 왔고 당시에 25살이었는데, 여기서 50년을 살았어요. 차이가 있겠어요? 그래요 그곳은 좋고, 그녀는 자매들을 만났지만, 다 그런 게, 오랫동안 안 보면 이미 관계가 예전 같지 않죠... 그리고 여기에 자식들이 있어요... 맞아요, 저는 여기서 태어났고, 가족, 아이들... 전 자기가 사는 곳이 바로 모국이라고 생각합니다. 내 말이 맞지 않나요? 그래요, 전 압니다. 제가 민족은 한인이지만, 실제로 태어난 곳은 여기라는 사실을 말이죠."

"내게는 내가 사는 곳이 모국입니다. 소련, 당연히 더 맞게는 러시아가 이미 모국이라고 봅니다. 11살에 여기에 와서 이미 70년을 살았다고 생각해 보세요... 당연히 한국이 아니라 러시아를 모국으로 생각하게 될 겁니다. 전 이런 사실에 담담하게 받아들입니다... 전통을 지키지만, 우린 여기서 살고 집도 여기에 있고, 아이들이 있고, 손자손녀들이 있습니다... 그래요, 이미 30-40년을 넘게 산 어떤 곳이 있다면, 그럼 그곳에서 사는 겁니다. 노인들이 잠시 살려고 한국에 가는 것을, 한편으로는 이해할 수 있습니다. 그러나 다른 한편으로는 아이들을 버리고 가야 하나라는 생각도 듭니다. 제가 보기엔 그렇습니다. 왜 그래야 하죠?"

한국으로의 송환이 민족 정체성 문제에서 규정요인이 될 수도 있다. 그러나 이 문제는 그렇게 단순하지 않으며, 수많은 요인들이 그것에 영향을 주고 있다는 점에서, 어떤 체계성에 관해서 언급할 필요가 없다. 간혹 한국으로의 이주 혹은 그 반대, 즉 이주 거부는 민족 징표와 관계가 없는 요인이 되고 있다. 예를 들면, 증언자 중 한 명은 다음과 같이 주장하고 있다.

"여기 있기 무료해서 한국으로 가는 겁니다. 내 친구들이 모두 한국으로 갔기 때문에 얘기를 나눌 사람이 없어요... 그래서 나도 가기로 결심했죠." 다른 증언자는 다음과 같이 말했다. "밤에 잠을 잤어요. (꿈속에서 - 역주)남편이 러시아어를 잘했는데, 4-5시쯤에 양복장 근처에 서더니 가지 말라는 겁니다. 만약 가면 나빠질 거라고 말하더군요. 저는 그 즉시 한국 가는 걸 거부했어요. 전 이곳에서 70년을 살았지만, 한국에서는 20년 살았죠... 한국에 계신 부모

님은 모두 돌아가셨지만 여기엔 아들, 딸, 손자손녀, 증손자 증손녀
가 있거든요."

　　송환 계획에 따른 한국으로의 이주 또는 사할린에서의 잔류 결정을
민족 정체성 선택에서의 결정 원인으로 보아서는 안 된다. 사람들은 자
신이 처한 구체적인 삶의 조건은 이주 결정에서 민족적 귀속성이라는
요인보다 종종 더 큰 영향을 준다. 그 외에도 과도기 러시아의 힘든 정
치·경제적 상황은 삶을 위해 자본주의 한국을 보다 매력적인 나라로 만
들어주어 문제를 더 심화시켰다.

제3장

2세대 사할린 한인

    사할린 한인 2세대는 한인 1세대 가족의 구성원으로서 1945년 8월 15일 이후에 출생한 사람들이다. 이들은 한국으로의 송환 권리를 받지 못했다. 이들은 한인 가족 내에서 성장했으며 어릴 때 종종 같은 조국 출신의 사람들 사이에서 살았고, 생활수준에서 한국어를 구사하며 많은 한국 전통을 지키고 있다. 그러나 그들과 1세대 간에는 근본적인 차이가 존재한다. 즉 2세대 한인은 러시아어로 생각하고 러시아어를 기본적인 소통 수단으로 사용한다. 대부분의 경우 2세대 한인에게 한국어는 생활과 대화의 대안이지만, 전문적 주제는 물론, 일반적인 신문 기사조차 이해하지 못하는 경우가 종종 있다. 이들 중 많은 이들이 한인 학교에서 배웠으나, 졸업은 러시아 고등교육기관에서 했다. 그들은 세계관과 행동 양식을 소연방과 러시아 시절에 습득했는데, 그것이 후일 현대 한국 사회로 진입하려는 그들의 시도에 걸림돌이 되었다. 어떻게 그들은 자신에게 정체성을 부여하고, 어떤 요인들이 그들의 민족 정체성에 영향을 주는가?

2세대의 구성원들은 한국 가정에서 자랐고 대부분 러시아어가 모국어임에도 불구하고 한국어(일상생활 수준의)를 아주 잘 알고 있으며 한국 풍습과 전통을 꼼꼼하게 지키고 있다. 그들은 어렸을 때부터 주로 동포들(소련에서 처음 거주할 당시 한인들은 반쯤 폐쇄된 공동체 형태의 생활을 선호했다)과 교류했다. 그들의 세계관, 행동양식 등은 소련과 러시아에서 터득했지만, 한인 부모에게서 강한 영향을 받았다. 그들 중 일부의 민족 정체성은 부모님을 따라 한국으로 이주할 수 있는 가능성과 밀접하게 결부되었다. 한편 그래도 그들 중 대다수는 사할린에 거주하고 있으며, 자신을 한국의 전통 문화적(충분히 강한) 요소를 지닌 러시아 사회의 일원으로 느끼고 있다.

서울 근교 안산 시에 8개의 고층아파트로 구성된 '고향마을'이 건설되고 사할린 출신 한인 1세대가 그곳에서 정착한 것은 사할린 한인 디아스포라에 대대적인 사건의 근간이 되었다. 2세대와 3세대 한인들에게는 송환될 수 있는 권리가 없었지만, 그들에게 대한민국은 큰 관심을 불러일으켰다. 송환의 시기는 러시아의 전 국민에게 큰 영향을 끼친 러시아 경제 위기와 시간적으로 일치했다. 사할린 한인의 대부분은 발전된 자본주의 국가에서 자신들의 힘을 가늠해볼 수 있다며 대한민국을 방문하여 일자리를 찾고, 불확실한 희망을 품은 채 적응하며 새로운 곳에서 삶을 시작했다.

이 사건은 공식 문헌에 기록되지 않았기 때문에 학자들이 눈여겨 볼 정도로 관심을 끌지는 못했다. 사할린 한인은 관광비자로 90일 동안 체류할 예정으로 한국을 방문했는데, 이것은 합법적 근로활동의 금지는 물론, 3개월마다 러시아로의 귀국을 의미했다. 더구나 사할린 출신 한인들은 1세대에 제공된 아파트에서 무료로 거주할 수 있었기 때문에 한국 내 비슷한 다른 이민자들(중앙아시아, 중국, 베트남, 필리핀 등)보다 우위를 차지하고 있었다. 대한민국 정부는 유사한 이민자들에게 관용을 베풀었고 베풀고 있다 – 한국 경제는 노동력을 필요로 했다. 이민자들은 대부분 성실했으나, 한국 국민의 경제적으로 경쟁 상대가 아니었으며, 한국 국민보다 더 많은 일을 하고도 수입은 적었을 뿐 아니라, 문제가 생기면 그들을 손쉽게 추방할 수도 있었다.

안산에 거주하는 응답자가 그런 식의 경험을 얘기해 주었다.

> 우리가 이곳에 막 도착했을 때 젊은 친구들도 오기 시작했죠, 부모님 댁에서 공짜로 살 수 있었으니까요. 그래서 그때는 거의 모든 집마다 한, 두 명의 자녀들이 살고 있었죠, 돈을 벌로 온 거였어요.[1]
> 일자리는 아주 쉽게 구할 수 있었는데, 중요한 것은 일은 하되, 불평해서는 안 된다는 것이었어요. 하지만 사할린보다 돈을 더 많이 벌 수 있으니까 여기서 사는 게 더 수월했지요.[2]

하지만 얼마간의 시간이 흐르자 한국에 있는 2세대와 3세대 사할린 한인의 숫자가 점차 줄어들기 시작했다. 그들이 한국 경제에서 차지할 수 있는 것은 무자격 노동과 저임금 노동밖에 없었다. 이것은 그들이 한국어에 능통하지 못했고, 러시아식 정서와 행동양식을 갖고 있으며, 한국에서 공인된 학력이 없음은 물론, 기본 규범과 법률도 몰랐기 때문이었다. 결과적으로 다른 이민자처럼 힘들고 "더러운" 일 – 공장, 건설현장, 막노동꾼, 짐꾼, 설거지, 청소부 등과 같은 일이 사할린 한인의 운명이었다.

한국에 머물렀던 이들은 한국 사회에서 살 수 있는 가능성에 대해 자신만의 의견을 보여주고 있다.

---

1) НА СОКМ. Оп. 1. Д. 833. Интервью 23.
2) НА СОКМ. Оп. 1. Д. 833. Интервью 1.

이곳에서는 특별한 전망이 없습니다, 한국인들은 하층민처럼 대해요. 마치 너는 그들보다 낮다고 식으로 말이에요. 비록 그 사람도 시골에서 온지 얼마 안 됐고, 아무 것도 모를 뿐더러, 제대로 된 학력마저 없으면서 우리를 마음대로 부리죠… 우리는 그런 것에 익숙하지 않았어요… 게다가 일이 육체적으로 힘들어요, 그런 일은 지금 사할린에서도 이미 찾을 수 있어요 - 임금도 적지 않으면서 우리를 잘 대해주죠. 또 그곳, 러시아에는 모두 내가 아는 사람인 반면 여기는 모두 남이잖아요.[3]

이러한 상황은, 예를 들어, 한국에 돈을 벌기 위해 온 우즈베키스탄 출신의 한인에게도 일어났다. 한국어를 모르고 뛰어난 자격이 없는 노동자의 지위와 정서적 차이는 우즈베키스탄 한인과 한국 국민 간의 개인적 관계에서 갈등으로 작용했고 공존을 힘들게 만들었다. [95]

또한 사할린의 경제 상황이 점진적으로 호전된 점도 영향을 미쳤다. (위에서 언급한 것처럼)한인은 러시아의 새로운 자본주의 현실에 성공적으로 적응할 수 있었다, 그들이 러시아어를 알고 인정받는 학력을 지니고 있으며, 비즈니스에서 개인적으로 주도권을 잡을 수 있다는 점, 그리고 러시아 사회가 높은 수준에서 관용을 베푼다는 점 등이 한인들의 빠른 적응과 경력 축적 및 러시아 사회에서의 높은 지위에 도달할 수 있는 가능성에서 걸림돌을 제거해 주었다. 다른 조건에서 나타나듯이 다수의 사할린 한인은 환멸을 느껴 사할린으로 돌아가려 했다. 이것은 사할린의 경제 상황이 좋아진 뒤에 나타나기 시작했다.

2세대와 3세대 구성원들은 과거 노인들에게서 이상적으로 꾸며진 얘기로만 들었던 역사적 고국과 한인에 대한 자신들의 태도를 바꾸었다. 개인적 경험을 통해 한국사회와 부딪히며 많은 사람들이 자신의 정

---

3) НА СОКМ. Оп. 1. Д. 833. 설문자료.

체성에 대해 다시 생각하기 시작했다.

> 저는 우리가 한국 사람들과 비슷할 거라고 항상 생각했어요. 그러나 그들이 전혀 다르다는 것을 목격했을 때... 그들이 마치 우리들보다 무엇인가 더 우월하다는 식으로 우리를 대하는 걸 이해할 수 없습니다. 그때 저는 잠시 생각한 뒤, 제가 완전한 한국 여자가 아니라, 독특한 사할린 한인 여자라고 결정을 내렸죠. 즉 저 역시 사할린에 살아야 한다는 뜻이죠."[4]
> 저는 사할린 여자예요, 저 자신을 그렇게 느끼고 있어요. 한국에 갈 거냐고요? 뭣 때문에요? 제가 사할린을 떠나고 싶다면, 아마도 호주, 캐나다, 미국 등 다른 나라로 가겠죠. 한국은 저에게 완전히 다른 나라와 똑같아요.[5]

마찬가지로 자식과 손자들의 한국 이주에 대한 1세대의 입장도 변했다.

> 제 생각에는, 이곳으로 이주하지 않을 거예요. 불가능하지요. 저는, 예를 들어, 제 아들이 이곳에서 일하는 것을 원하지 않아요… 제 큰아들이 2년 동안 일했었어요, 이곳 한국에서는 우리를 아주 하층민으로 보는 민족주의가 있어요. 그래서 미개인처럼 12시간 동안 일하며 점심시간은 30분밖에 안 되고 임금은 현지 한국인들보다 적게 받았죠. 한국인 자기네는 더러운 일을 하기 싫어하면서 중국에서 온 사람들만 그런 일을 해요. 그래서 저는 제 아들이 이곳에 오는 것을 원하지 않아요. 걔들은 벌써 8년 동안 여기에 안 왔어요. 큰 아들은 지금 그곳 사할린에서 정유노동자로 근무하고 있어요, 괜찮지요. 그런데 이곳에서는 그렇게 비웃어요… 지금은 많은 사람들이 방문하지 않아요, 그리고 어린 아이들만 오는데 그것도 여름에 놀러오는 것이죠. 예전에는 한국에 부모님이 계시니까, 나도 그럴 수 있다고 생각했어요, 그리고 저 자신도 우리 아이들을 위

---

4) НА СОКМ. Оп. 1. Д. 833. 설문자료.
5) НА СОКМ. Оп. 1. Д. 833. 설문자료.

해 그렇게 생각했었죠. 하지만 지금은 그런 생각 안 해요. 이곳에서 일해 본 사람들은 알아요. 그리고 부모인 우리들 모두 자식들이 이곳 한국에서 살기를 바라지 않아요.[6]

만약 대규모 송환을 실행하면, 한 두 세대를 완전히 잃어버릴 것이며, 그들이 스스로를 희생시켜야 해서 비숙련 작업장에서 일해야 하거나, 누군가는 국가 보조금으로 살 것인 만큼, 그들은 어떤 방법으로도 자신의 지위를 상승시킬 수 없을 것입니다… 다음 세대, 그러니까 한국에서 태어난 세대들만이 그럴 수 있을지 모르죠…"[7]

한국을 방문한 사할린 한인 청년들은 진지하게 한국 사회를 평가하고, 한국 사회에 성공적으로 통합되는 것이 실질적으로 불가능하다는 사실을 인지하여 자신이 살아갈 장소로 한 결 같이 사할린을 선택했다. 2000년대 초 송환이 시작되었을 당시 사할린 한인 사이에서는 한국 방문이 대세였지만, 2010년 무렵 거의 사라졌다.

예전에는 정말 많은 사람들이 한국을 방문해서 그곳에서 심지어 불법으로 일을 했습니다. 그런데 지금은 그런 사람이 없고 오직 손자손녀들이 방학 때만 한국에 가죠… 이곳에 불법으로 체류하고 있다가 비자 때문에 돌아가지 못하고 있는 이들만이 남아 있죠. 만약 사할린에서 같은 돈을 벌 수 있다면 뭐하려 여길 오겠어요? 여기에는 더 이상 그들을 위한 것이 없습니다.[8]

(교류 없이 60년 동안 쌓인 그동안의) 표준어, 한국사회의 규범, 규칙과 법률, 문화적 차이에 대한 무지로 인해 사할린 한인은 자신을 한국 사회의 잠재적인 일부로서의 진정한 한국인이라는 생각을 더 이상

---

6) НА СОКМ. Оп. 1. Д. 833. Интервью 24.

7) НА СОКМ. Оп. 1. Д. 833. Интервью 26.

8) НА СОКМ. Оп. 1. Д. 833. Интервью 24.

하지 않게 되었다. 러시아 사회로의 적응하는 힘든 길을 지나온 사할린 한인 디아스포라의 대부분은 확연한 난관과 문제, 그리고 불명확한 문제해결 가능성 등과 직면한 후, 자신의 거주 국가를 바꾸려 하지 않았던 바, 이는 당연한 것이다.

1. 사할린 한인의 정체성

그림. 71. 김홍지(빅토르 니콜라예비치), (1948년 출생), 응답자, 사할린 한인 지도자 시민단체 회장

그림. 72. 응답자 안수권 (1951년 출생). 우 글레자보드스크 마을.

자신을 일정한 사람들 집단에 편입시키는 민족 정체성 연구는 한인 디아스포라의 생활 활동에 영향을 미치는 독특한 환경을 특히 고려해야 하기 때문에 복잡한 문제이다. 송환 문제의 미해결, 오래 기다린 역사적 고국으로 귀국, 그리고 그로 인해 사할린에서의 체류는 일시적이라는 감정이 자기정체성 형성 과정에 영향을 주었다(그 결과로서 민족 정체성이 나오게 되었다). 현 단계에서 이 문제에 대한 통일된 의견이 없기 때문에 일반적이고 동일한 상황의 존재를 검증하는 게 불가능하다.

2세대의 구성원들은 한국 가정에서 자랐고 대부분 러시아어를 모국어로 하지만 (일상생활 수준의)한국어를 꽤 잘 알고 있으며 한국 풍습과 전통을 엄격하게 지키고 있다. 그들은 어렸을 때부터 주로 동포들(소련에서 거주의 초기 단계에 한인들은 반쯤 폐쇄된 공동체 형태로 사는 것을 선호했다)과 교류했다. 그들의 세계관, 행동양식은 소련과 러시아에서 터득한 것으로서, 이후 그들이 현대 한국 사회에 편입되고자 시도할 때 많은 이들에게 걸림돌로 작용했다.

그들에게 있어 민족 정체성은 부모님을 따라 한국으로 거주지를 옮길 수 있는 가능성과 밀접하게 결부되어 있었다.

남달리 발전한 국가이자, 모든 것이 아름답고 부유하며 '잘 사는' 곳으로 그려진 한국의 이미지는 2세대들의 민족 정체성에 영향을 준 가장 중요한 요인 중 하나다. 2세대의 송환 가능성에 관해 끊임없이 이어지고 있는 이야기들 또한 그들의 마음가짐에도 영향을 주고 있다. 일부의 사할린 한인은 한국을 자신들의 고국이라 생각하며 그곳으로 떠나 살기를 희망하고 있다.

> 이런 불투명함이 지겹습니다. 한국은 아마도 더 아름답고 더 부유하겠죠. 전 한인인데 가능하다면 한국에 갔겠죠.[9]

> 그래요, 우리 정말 가고 싶어요. 왜냐하면 한국이 우리의 모국이라고 여기거든요. 어릴 때 부모님의 말씀에 따라 우리 모두 한국을 모국으로 여겼어요…[10]

---

9) HA COKM. Оп. 1. Д. 833. Интервью 30.
10) HA COKM. Оп. 1. Д. 833. Интервью 27

유교 문화권에서 일상적인 부모에 대한 순종의 전통 역시 사할린 한인 2세대의 자각에 큰 영향을 주었다. 예를 들어 증언자 중의 한 명은 다음과 같이 발언하고 있다.

> "우리 아버지께선 한국으로 가시려고 했었는데, 어쨌든 살고 계셨죠... 우리에게 항상 '여하튼 여기보다는 더 낫다!'고 말씀하셨죠. 우리 역시 그때는 왜 더 좋은지, 왜 더 나쁜지를 이해하지 못했어요... 우리는 여기서 태어 났는데, 아버지께서는 항상 한국으로 가시려 했고, 한국이 아버지의 모국이었죠. 그리고 가능했다면 당연히 아버지와 함께 그곳으로 갔을 겁니다.[11]

그러나 사할린 한인 사회에서 이런 경향이 존재하는데 의심의 여지 없지가 없으나, 다른 의견도 보인다.

> 외국인이 한국에서 출세하는 것은 어떤 식으로든 불가능합니다. 힘든 막노동 말고는 할 수 있는 일이 없고, 당신이 대학을 졸업하고 전공이 있다 해도, 아무도 대수롭게 여기지 않아요. 그리고 일을 못하면 내쫓으면, 그만이에요. 만약 일을 안 하면 어떻게 하겠어요, 죽을까요?[12]

> 처음에 저는 저 역시 한국인이라고 생각했습니다... 한국에 가서 우리가 얼마나 다른 가를 보는 순간, 이미 그런 생각을 하지 않게 되었습니다... 제가 한민족일지 몰라도, 현실의 한국 사람과는 단 하나도 비슷하지 않아요. 그러니까 이미 전 한국인이 아닌 셈인 거죠... 한 결 같이 같은 민족이라고 말하지만 한국에서 사는 게 너무 힘들어요. 물론 한국인들은 그렇게 말하지는 않겠죠. 저는 한국인인 제 사촌 형제와 이야기를 나눈 적이 있는데, 그가 저에게 그러더라고요. 자기 회사가 있는데, 만약 그가 외국인을 부서장으로 임명

---

11) НА СОКМ. Оп. 1. Д. 833. Интервью 4.
12) НА СОКМ. Оп. 1. Д. 833. Интервью 33.

하면 다른 모든 사람들이 격분할 것이고 그의 말을 듣지 않을 거라고요. 외국인들은 한국인보다 못한 아웃사이더더라고 여긴답니다.[13]

그곳에서 뭘 하죠? 자기 전공에 따라 일자리를 찾을 수 있는 게 아니에요. 따라서 사할린 한인들이 한국에서 할 수 있는 게 없어요. 연세 많으신 분들이나 가능하죠. 무엇인가를 추구할 필요가 없이 조용하게 살아가는 거죠.[14]

심지어 1세대의 견해조차 바뀐 바, 신 시간 동안 애썼고 결국은 이루어낸 모국, 즉 한국으로의 이주가 그들의 자식들에게는 불가능한 것으로 또는 바람직하지 않은 것으로 밝혀졌다.

내 아들이 예전에 이곳으로 일하러 왔는데, 걔가 무엇인가 할 수 있을 거라고 생각했죠… 그러나 지금 아들은 더 이상 오지 않아요. 거기서 같은 돈을 벌 수 있다면 뭐 하러 여기에 오겠습니까? 그곳에 집, 친구, 가족이 다 있는데요… 의미가 없죠. 그래서 저 스스로도 내 아들이 이곳에 오는 걸 원하지 않습니다…

만약 일본과 한국이 사할린 2세대들의 송환에 대한 의무를 진다면, 모국으로의 귀환은 간헐적이면서 개인적인 성격을 지니게 될 것이지, 1세대처럼 대규모 형태는 아닐 것으로 보인다. 이런 상황 하에서 위의 사실을 인식한 이들은 한 사회의 일원이 되는데 성공한 그 사회로 향하게 되지, 통합되기 위해 추가로 노력해야 하는 그런 사회를 원하지 않는다.

표준 한국어에 대한 무지, 러시아식 사고방식과 행동 양식, 인정받지 못하는 학력, 힘든 경력 축적과 같은 요인들이 역사적 모국에 대한

---

13) НА СОКМ. Оп. 1. Д. 833. Интервью 7.
14) НА СОКМ. Оп. 1. Д. 833. Интервью 18.

태도에 큰 영향을 미치고 있다. 이런 상태에서 자신을 한국 사회에 편입시키는 것은 여러 문제들과 충돌하게 되는 바, 가장 문제되는 것이 러시아식 문화와 정체성이다.

> 저는 이곳에서 자랐고, 가족, 자식들이 있어요… 저는 제가 사는 바로 내 고향이라고 생각하는데, 제가 맞지 않나요? 그래서, 저는 제가 한민족인 것을 알고 있지만, 그래도 전 여기서 태어났잖아요.[15]

여기서 보는 바와 같이 2세대의 누군가는 자신을 자기 부모처럼 모국에서 멀리 떨어져 살고 있는 한국인으로 느끼고 있다. 누군가는 민족에 대한 애착 없이 러시아인으로 생각한다. 누군가는 사할린에서 태어나서 자라고 거기서 살고 있는 그냥 한 인간으로 생각하면서 한국과 러시아 관습을 지키고 한국 음식과 러시아 음식을 먹으며, 두 언어로 얘기하고 러시아 법에 따라 살며 한국에 대한 모든 것에 관심을 보이고 있다.

---

15) НА СОКМ. Оп. 1. Д. 833. Интервью 3.

제4장
3세대 사할린 한인

사할린 한인 3세대는 많은 면에서 1, 2세대와 차이가 보인다. 3세대는 현 사할린 공동체의 젊은이들로, 대체로 25-35세에 해당된다. 이들은 한인 학교에서 배운 경험이 없으며, 한국어를 거의 모르고(전문적으로 배우는 일부는 제외), 소비에트와 러시아 시민권 취득에 문제가 없는 이들로 러시아인 및 한인과 폭넓게 교제하고 있다.

본 저자가 실행한 질의 중에 저자의 관심을 끈 것은 3세대가 자신의 정체성에 대해 깊게 생각하는 것이 매우 드물다는 사실이다.

> 내가 누구인지 정말 간혹 생각합니다. 한국에 가거나 한국에서 온 한국 사람들 사이에 끼어 있을 때만 생각하죠.[1]

> 아주 간혹요. 예를 들어, 지금처럼 질문에 답할 때만 생각해요.[2]

> 자신의 정체성에 대해서 전 세 가지 경우에 생각해요. 한국어로 말할 때, 음악을 들을 때, 사람들과 교제할 때 그렇게요.[3]

---

1) НА СОКМ. Оп. 1. Д. 833. 설문조사.
2) НА СОКМ. Оп. 1. Д. 833. 설문조사.
3) НА СОКМ. Оп. 1. Д. 833. 설문조사.

본 저자의 관점에서 보면 자기 정체성에서 갈등이 없기 때문에 민족 정체성이라는 주제에 대해 장시간에 걸쳐 깊게 고민하지 않는 것으로 보인다. 사할린 한인 3세대의 민족 정체성이 이미 확실함을 확인할 수 있다.

3세대의 모든 구성원들은 자기 부모가 속한 집단과는 상관없이 자기 스스로를 '현지 한인'으로 보고 있으며, 그런 방식으로 우선 대한민국 출신의 한국인(간혹 북한 출신의 한국인 역시 포함)과 자신들의 차이를 강조하고 있다.

> 예전에 저는 내가 러시아인과 한국인 둘 중 어디에 더 가까운지 고민했습니다. 저는 독립적인 나 개인이고 독립적인 민족이라고 스스로를 결정했습니다. 전 우선 사할린 사람입니다. 그리고 나머지 모든 것은 그 다음이죠. 하지만 나 스스로 한국인[4]이라고 느끼지는 않습니다.[5]

> 저 스스로 한국인이라고 느끼지 않아요. 당연히 전 러시아어로만 생각하고 말하죠. 제 고향은 사할린입니다. 하지만 언어와 내가 사는 장소마저도 이유가 되는 것은 아닙니다. 언어는 배울 수 있고 장소는 바꿀 수 있습니다. 세계관, 사고방식은 어디에서 살든 그대로 남아 있죠. 전 이곳 한인들과 한국에서 온 한국 사람들 사이의 차이점을 목격하는데, 그 둘은 완전히 다릅니다. 저는 그들이 좋지만 관련성을 느끼지는 않아요... 그들은 일본인이나, 중국인 혹은 미국인처럼 우리랑 비슷하지 않은 그냥 다른 민족이죠. 만약 제가 그들과 비슷하지 않다면 그건 내가 한국 여자가 아니라는 뜻이겠죠.[6]

---

4) 일상생활 수준에서 사할린 공동체 가운데 한국 사회 구성원을 위해 사용되는 용어가 발견되었다. 그들을 한국어로 나라 명칭인 "한국"(대한민국)에서 따오고 러시아어 규칙에 따라 변화시킨 "한국인"(хангуки)이라고 부르기 시작했다.

5) НА СОКМ. Оп. 1. Д. 833. 설문조사.

6) НА СОКМ. Оп. 1. Д. 833. 설문조사.

모국과 고향집처럼 민족 정체성에서 중요한 그런 장소들이 사할린 한인 3세대에게는 이미 정해져 있다.

> 모국. 그건 집이에요. 그곳에서 나와서 언제나 돌아가고 싶어지는 그런 집이요. 내 모국은 사할린입니다.[7]

> 러시아, 사할린, 우글레고르스크, 한인 마을. 모국. 그건 내 정신이 편안한 그런 영역입니다.[8]

> 모국. 그건 우리가 속한 장소이자, 언제나 우리가 돌아갈 수 있는 그런 곳이죠. 나에게는 그곳이 바로 사할린입니다.[9]

삶의 다양한 상황이 개인의 민족적 정체성에 영향을 준다. 종종 민족적 자아인식은 일상생활에서 민족 문화가 얼마나 중요한가에, 그리고 다른 문화(즉 대부분의 경우 다수 민족의 문화)로의 성공적인 통합이라는 과정에서 그 문화의 유지 가능성에 의존적이다. 사회적 지위와 생활수준의 제고, 교육 이수를 위한 적응의 필요성은 제1언어로서의 러시아 구사력 보유, 그리고 그 결과로서 소비에트와 러시아 사회로의 적응을 위해 지배적 집단의 행동양식을 받아들이는 것으로 귀착된다.

공동체 역사의 첫 수십 년 동안 한인 전통 문화는 그것을 보유한 이들, 즉 사할린 한인 1세대와 직접적인 접촉을 유지하고 있었다. 그리고 1세대의 대한민국 송환이 역사적 고향과의 관계를 일부 복원하는 데 도움이 되기도 했지만, 송환은 노인 세대에서 젊은 세대로 전해져야 할 민족 정보의 전달 구조가 붕괴되는 결과 또한 초래했다.

---

7) НА СОКМ. Оп. 1. Д. 833. 설문조사.
8) НА СОКМ. Оп. 1. Д. 833. 설문조사.
9) НА СОКМ. Оп. 1. Д. 833. 설문조사.

민족 정체성 역시 적응과정의 자연스러운 결과가 되었다. 2세대는 두 그룹, 즉 자신을 한국인이라 여기고 한국으로 떠났던 사람들과 자신의 고향은 러시아와 사할린이라고 여기는 사람들로 나뉘었다. 젊은 3세대는 의심의 여지없이 자신을 "진정한 한국인"으로 보지 않고 있으며, 송환 가능성과 관련되어 있는 난관이나 문제점들을 반드시 극복할 필요가 있다고 여기지 않는다.

사할린 한인 3세대는 지배적 집단(즉 러시아인)과 그들을 구분시켜 주는 몇몇 인류학적 특징, 즉 한인 민족문화의 잔재, 어린 시절에 노인 세대로부터 물려받은 것 등을 지니고 있다. 인간 정신세계의 본질적 특성 중 하나인 민족은 구체적인 사회민족적 환경 속에서 형성된다. 그러나 노인 세대가 한국으로 출국했거나 사망하면서, 민족적 요소의 영향이 약해지고 있다. 사회생활의 혁신이라는 현재의 조건 속에서, 특히 아시아 태평양 지역의 인접한 이웃 국가들에 대한 관심 증대 및 대한민국과 러시아 간의 관계 발전의 조건 속에서 사할린 한인들의 몇몇 민족적 징표들이 다음 세대에서도 존재할 수 있을 것 같아 보인다.

여기서 상기 기술된 민족 정체성의 변화 과정은 전적으로 당연한 것이고 디아스포라 그룹에서 꽤 자주 일어난다고 말할 수 있다. 사할린 최초 이주 러시아인들의 지역 정체성을 예로 들 수 있다. 1세대는 자신의 의지로 온 게 아니었기에 떠나려 했지만, 2세대와 그 이후 세대는 자신의 향후 삶과 운명을 바로 이 사할린과 연결 짓고 있다. [29, 30]

사할린 한인 4세대의 정체성 연구는 그들 대부분이 아직 어리거나 청소년이기 때문에 진행하기 쉽지 않다. 그럼에도 불구하고 4세대에 대한 연구 없이 사할린 한인들의 자기정체성 연구가 완전해질 수 없을 것이다. 따라서 완전한 연구를 위해 '해외동포재단'의 지원을 받아 사할린 노인회에 의해 2015년 여름에 진행된 청소년 역사 캠프 당시 확보된 정보를 이용하겠다. 사할린의 각 지역에서 모집된 어린이와 청소년들에게 한국의 역사와 문화, 사할린 한인의 역사를 얘기해 주었으며, 그 얘기를 들은 참가자들은 일기장에 자신의 느낌을 적었다. 이 기록이 사할린 한인 4세대의 정체성 연구를 위한 토대가 되었다.

그림. 73. 사할린 한인을 위한 청년 역사 캠프. 2015년 8월 2-5일.

그림. 74. 사할린 한인을 위한 청년 역사 캠프. 2015년 8월 2-5일.

결론

　　삶의 다양한 상황이 개인의 민족적 정체성에 영향을 준다. 종종 민족적 자아인식은 일상생활에서 민족 문화가 얼마나 중요한가라는 문제 및 다른 문화(즉 대부분의 경우 다수민족의 문화)로의 성공적인 통합이라는 과정에서 그 문화의 유지 가능성 문제에 의존적이다. 사회적 지위와 생활수준의 제고를 위한 적응의 필요성은 민족 관계의 위반, 전통적 문화 요소의 손실 그리고 자기정체성의 점진적 변화로 귀착된다.

　　지위 상승을 위한 교육 이수의 필요성은 제1언어인 러시아어 구사 능력의 불가피성을 깨닫는 것으로 귀결되며, 결과적으로 소비에트와 러시아 사회로의 적응을 위해 지배적 집단의 행동 양식을 받아들이는 것으로 귀착된다. 공동체 역사의 첫 수십 년 동안 한인 전통 문화는 그것을 보유한 이들, 즉 사할린 한인 1세대와 직접적인 접촉을 유지하고 있었다. 1990년대 말부터 시작된 한인 1세대의 대한민국 송환이, 한편으로는 민족 정보의 전달 경로를 왜곡하는 것으로 귀결되었으면서도, 다른 한편으로는 역사적 모국과의 관계를 부분적으로 복구하는데 부응했다.

　　그와 동시에 사할린 한인들을 그들의 민족 영토로부터 격리시켰던

'철의 장막'이 걷히면서 사할린 디아스포라의 정체성에 본질적인 영향을 주었다. 문어체에 대한 무지, 한국 사회의 생소한 규범, 규칙 그리고 법규, (접촉이 없었던 지난 60년간 축적된)문화적 차이 등으로 인해 사할린 한인들은 자기 스스로를 한국 사회의 잠재적 부분으로서의 '진정한 한국인'으로 자각하지 않게 되었다. 사할린 한인들은 기본적인 의사소통 언어로서 러시아어, 자신만의 독특한 인류학적 유형, 한·러 두 개의 문화 및 행동 양식의 혼재, 시간이 흐르면서 더욱 강화될 러시아적 요소가 지배하는 상황 하에서의 몇몇 한인의 독특한 문화 등과 같은 자신만의 민족적 지표를 특징으로 하는 그런 특별한 집단과 자신들을 상호 연결 짓고 있음을 확인할 수 있다.

인터뷰 목록

인터뷰 1, 여, 1936년생. 유즈노사할린스크, 2008년 12월 2일 // 사할린 주 지역 박물관 과학 기록 보관소(НА СОКМЗ). Оп. 1. Д. 833.

인터뷰 2, 남, 1925년생. 우글레자보드스크, 2008년 12월 20일 //사할린 주 지역 박물관 과학 기록 보관소(НА СОКМЗ). // Оп. 1. Д. 833.

인터뷰 3, 여. 1945년생. 유즈노사할린스크, 2008년 12월 28일 // 사할린 주 지역 박물관 과학 기록 보관소(НА СОКМЗ). Оп. 1. Д. 833.

인터뷰 4, 여. 1951년생. 우글레자보드스크, 2001년 2월 1일 // 사할린 주 지역 박물관 과학 기록 보관소(НА СОКМЗ). Оп. 1. Д. 833.

인터뷰 5, 여. 1951년생. 우글레자보드스크, 2009년 4월 10일 // 사할린 주 지역 박물관 과학 기록 보관소(НА СОКМЗ). Оп. 1. Д. 833.

인터뷰 6, 남, 1933년생. 유즈노사할린스크, 2009년 3월 19일 // 사할린 주 지역 박물관 과학 기록 보관소(НА СОКМЗ). Оп. 1. Д. 833.

인터뷰 7, 남, 1952년생. 유즈노사할린스크, 2009년 4월 12일 // 사할린 주 지역 박물관 과학 기록 보관소(НА СОКМЗ). Оп. 1. Д. 833.

인터뷰 8, 여, 1919년생. 돌린스크, 2009년 5월 9일 // 사할린 주 지역 박물관 과학 기록 보관소(НА СОКМЗ). Оп. 1. Д. 833.

인터뷰 9, 남, 1930년생. 유즈노사할린스크, 2009년 8월 3일 // 사할린 주 지역 박물관 과학 기록 보관소(НА СОКМЗ). Оп. 1. Д. 833.

인터뷰 10, 남, 1946년생. 유즈노사할린스크, 2009년 11월 5일 // 사할린 주 지역 박물관 과학 기록 보관소(НА СОКМЗ). Оп. 1. Д. 833.

인터뷰 11, 남, 1930년생. 유즈노사할린스크, 2009년 11월 9일 // 사할린 주 지역 박물관 과학 기록 보관소(НА СОКМЗ). Оп. 1. Д. 833.

인터뷰 12, 남, 1936년생. 유즈노사할린스크, 2009년 10월 11일 // 사할린 주 지역 박물관 과학 기록 보관소(НА СОКМЗ). Оп. 1. Д. 833.

인터뷰 13, 남, 1944년생. 유즈노사할린스크, 2009년 11월 11일 // 사할린 주 지역 박물관 과학 기록 보관소(НА СОКМЗ). Оп. 1. Д. 833.

인터뷰 14, 남, 1931년생. 유즈노사할린스크, 2009년 11월 12일 // 사할린 주 지역 박물관 과학 기록 보관소(НА СОКМЗ). Оп. 1. Д. 833.

인터뷰 15, 여, 1936년생. 포로나이스크, 2009년 11월 28일 // 사할린 주 지역 박물관 과학 기록 보관소(НА СОКМЗ). Оп. 1. Д. 833.

인터뷰 16, 여, 1922년생. 포로나이스크, 2009년 11월 28일 // 사할린 주 지역 박물관 과학 기록 보관소(НА СОКМЗ). Оп. 1. Д. 833.

인터뷰 17, 여, 1926년생. 포로나이스크, 2009년 11월 28일 // 사할린 주 지역 박물관 과학 기록 보관소(НА СОКМЗ). Оп. 1. Д. 833.

인터뷰 18, 여, 1947년생. 유즈노사할린스크, 2009년 12월 19일 // 사할린 주 지역 박물관 과학 기록 보관소(НА СОКМЗ). Оп. 1. Д. 833.

인터뷰 19, 여, 1942년생. 유즈노사할린스크, 2009년 12월 22일 // 사할린 주 지역 박물관 과학 기록 보관소(НА СОКМЗ). Оп. 1. Д. 833.

인터뷰 20, 여, 1916년생. 유즈노사할린스크, 2010년 5월 24일 // 사할린 주 지역 박물관 과학 기록 보관소(НА СОКМЗ). Оп. 1. Д. 833.

인터뷰 21, 여, 1937년생. 안산, 2010년 6월 10일 // 사할린 주 지역 박물관 과학 기록 보관소(НА СОКМЗ). Оп. 1. Д. 833.

인터뷰 22, 남, 1939년생. 안산, 2010년 6월 10일 // 사할린 주 지역 박물관 과학 기록 보관소(НА СОКМЗ). Оп. 1. Д. 833.

인터뷰 23, 남, 1934년생. 안산, 2010년 6월 10일 // 사할린 주 지역 박물관 과학 기록 보관소(НА СОКМЗ). Оп. 1. Д. 833.

인터뷰 24, 정보원1, 남, 1928년생. 안산, 2010년 6월 10일 // 사할린 주 지역 박물관 과학 기록 보관소(НА СОКМЗ). Оп. 1. Д. 833.

인터뷰 24, 정보원2, 남, 1938년생. 안산, 2010년 6월 10일 // 사할린 주 지역 박물관 과학 기록 보관소(НА СОКМЗ). Оп. 1. Д. 833.

인터뷰 25, 남, 1938년생. 안산, 2010년 6월 10일 // 사할린 주 지역 박물관 과학 기록 보관소(НА СОКМЗ). Оп. 1. Д. 833.

인터뷰 26, 남, 1943년생. 부산, 2010년 6월 17일 // 사할린 주 지역 박물관 과학 기록 보관소(НА СОКМЗ). Оп. 1. Д. 833.

인터뷰 27, 정보원1, 여, 1925년생. 유즈노사할린스크, 2010년 7월 17일 // 사할린 주 지역 박물관 과학 기록 보관소(НА СОКМЗ). Оп. 1. Д. 833.

인터뷰 27, 정보원2, 여, 1960년생. 유즈노사할린스크, 2010년 7월 17일 // 사할린 주 지역 박물관 과학 기록 보관소(НА СОКМЗ). Оп. 1. Д. 833.

인터뷰 27, 정보원3, 남, 1955년생. 유즈노사할린스크, 2010년 7월 17일 // 사할린 주 지역 박물관 과학 기록 보관소(НА СОКМЗ). Оп. 1. Д. 833.

인터뷰 28, 남, 1938년생. 유즈노사할린스크, 2010년 10월 1일 // 사할린 주 지역 박물관 과학 기록 보관소(НА СОКМЗ). Оп. 1. Д. 833.

인터뷰 29, 남, 1925년생. 돌린스크, 2010년 8월 1일 // 사할린 주 지역 박물관 과학 기록 보관소(НА СОКМЗ). Оп. 1. Д. 833.

인터뷰 30, 정보원1, 여, 1927년생. 유즈노사할린스크, 2010년 8월 28일 // 사할린 주 지역 박물관 과학 기록 보관소(НА СОКМЗ). Оп. 1. Д. 833.

인터뷰 30, 정보원2, 남, 출생연도 미상. 유즈노사할린스크, 2010년 8월 28일 // 사할린 주 지역 박물관 과학 기록 보관소(НА СОКМЗ). Оп. 1. Д. 833.

인터뷰 31, 남, 1934년생. 유즈노사할린스크, 2010년 9월 18일 // 사할린 주 지역 박물관 과학 기록 보관소(НА СОКМЗ). Оп. 1. Д. 833.

인터뷰 32, 남, 1930년생. 븨코프 촌, 2010년 9월 26일 // 사할린 주 지역 박물관 과학 기록 보관소(НА СОКМЗ). Оп. 1. Д. 833.

인터뷰 33, 남, 1958년생. 유즈노사할린스크, 2010년 11월 14일 // 사할린 주 지역 박물관 과학 기록 보관소(НА СОКМЗ). Оп. 1. Д. 833.

인터뷰 34, 남, 1930년생. 유즈노사할린스크, 2015년 2월 22일 // 사할린 주 지역 박물관 과학 기록 보관소(НА СОКМЗ). Оп. 1. Д. 833.

인터뷰 35, 여, 1938년생. 모스크바, 2015년 7월 26일 // 사할린 주 지역 박물관 과학 기록 보관소(НА СОКМЗ). Оп. 1. Д. 833.

인터뷰 36, 정보원1, 남, 포로나이스크, 2018년 7월 24일 // 사할린 주 지역 박물관 과학 기록 보관소(НА СОКМЗ). Оп. 1. Д. 833.

인터뷰 36, 정보원2, 여, 포로나이스크, 2018년 7월 24일 // 사할린 주 지역 박물관 과학 기록 보관소(НА СОКМЗ). Оп. 1. Д. 833.

인터뷰 37, 여, 포로나이스크, 2018년 7월 25일 // 사할린 주 지역 박물관 과학 기록 보관소(НА СОКМЗ). Оп. 1. Д. 833.

인터뷰 38, 여, 1935년생. 토마리, 2018년 7월 26일 // 사할린 주 지역 박물관 과학 기록 보관소(НА СОКМЗ). Оп. 1. Д. 833.

인터뷰 39, 남, 1934년생. 토마리, 2018년 7월 27일 // 사할린 주 지역 박물관 과학 기록 보관소(НА СОКМЗ). Оп. 1. Д. 833.

인터뷰 40(김윤득), 남, 1922년생. 시네고르스크 촌, 2018년 11월 16일 // 중계 "우리말 방송".

참고문헌

1. Подпечников В.Л. О репатриации японского населения с терр итории Южного Сахалина и Курильских островов // Вестник С ахалинского музея. 2003. № 10. С. 257–260.

2. Кузин А.Т. Проблемы послевоенной репатриации японского и корейского населения Сахалина // Россия и АТР. 2010. № 2. С. 76–83.

3. Ginsburgs G. The citizenship law of the USSR / G. Ginsburgs, Netherlands: Martinus Nijhoff Publishers, 1983. 391 c.

4. Ginsburgs G. Labor policy and foreign Workers: the case of North Korean Gastarbeiter in the Soviet Union под ред. G. Ginsburgs, G. Ajani, G.P. van den Berg, Netherlands: Martinus Nijhoff Publishers, 1989. 399–424 c.

5. Lankov A. Dawn of Modern Korea. The Transformation in Life and Cityscape / A. Lankov, Seoul: EunHaeng NaMu, 2007. 374 c.

6. Lankov A. Forgotten People: The Koreans of Sakhalin Island, 1945–1991 // Transactions of the Royal Asiatic Society – Korea Branch. 2010. № 85. С. 13–28.

7. Lee C., Vos G. De Koreans in Japan: Ethnic Conflict and Accommodation / C. Lee, G. De Vos, Berkeley, Los Angeles, London: University of California Press, 1981. 438 c.

8. Ryang S. North Koreans in Japan: language, ideology, and identity / S. Ryang, Boulder: Westview Press, 1997. 248 c.

9. Stephan J.J. Sakhalin: a History / J.J. Stephan, Oxford: Clarendon

Press, 1971. 240 с.

10. Алин Ю.Ю. Получат ли сахалинские корейцы свои вклады? // Южно-Сахалинск. 2000. С. 5.

11. Белоногов А.А. К вопросу об историографии политико-право вого положения корейской диаспоры на российском Дальне м востоке (вторая половина XIX – конец XX веков) // Вопросы гуманитарных наук. 2009. № 4. С. 51–55.

12. Бок З.К. К вопросу «о проблемах сахалинских корейцев» Юж но-Сахалинск: Дальневосточное книжное издательство, Саха линское отделение, 1989. 3–13 с.

13. Бок З.К. Сахалинские корейцы: проблемы и перспективы / З.К. Бок, Южно-Сахалинск: СЦДНИ, 1989. 110 с.

14. Бок З.К. Корейцы на Сахалине / З.К. Бок, Южно-Сахалинский: Ю жно-Сахалинский государственный педагогический институ т, Сахалинский центр документации новейшей истории, 1993. 222 с.

15. Бугай Н.Ф. Российские корейцы: новый поворот истории, 90- е годы / Н.Ф. Бугай, М.: Торгово-издательский дом «Русское с лово-РС», 2000. 112 с.

16. Бугай Н.Ф. Российские корейцы и политика «солнечного теп ла» / Н.Ф. Бугай, М.: Готика, 2002. 256 с.

17. Бугай Н.Ф., Сим Х.Ё. Общественные объединения корейцев Р оссии: конститутивность, эволюция, признание / Н.Ф. Бугай, Х.Ё. Сим, М.: Новый хронограф, 2004. 370 с.

18. Булавинцева М.Г. Сахалин – Карафуто: история границы скв озь ценность образования // Япония наших дней. 2010. № 3 (5). С. 89–98.

19. Высоков М.С. Перспективы решения проблемы репатриации сахалинских корейцев в свете опыта Израиля, Германии и д ругих стран // Краеведческий бюллетень. 1999. № 2. С. 94–102.

20. Гапоненко К.Е. Не стереть из памяти // Коммунист. 1988. С. 3.

21. Гапоненко К.Е. Трагедия деревни Мидзухо / К.Е. Гапоненко, Южно-Сахалинск: Редакционно-издательское малое предпри ятие «Риф», 1992. 134 с.

22. Гринь В.Н. Разлука длиною в жизнь… / В.Н. Гринь, Южно-Сах алинск: Лукоморье, 2010. 76 с.

23. Дин Ю.И. Корейцы Сахалина в поисках идентичности (1945-1989 гг.) // Вестник РГГУ. Серия «Востоковедение. Африканистика». 2014. № 6 (128). С. 237–249.

24. Дин Ю.И. Корейская диаспора Сахалина: проблема репатриации и интеграция в советское и российское общество / Ю.И. Дин, Южно-Сахалинск: Сахалинская областная типография, 2015. 332 с.

25. Забровская Л.В. Россия и КНДР: опыт прошлого и перспективы будущего (1990-е годы) / Л.В. Забровская, Владивосток: Издательство ДВФУ, 1998. 116 с.

26. Забровская Л.В. Власти КНДР и РК в борьбе за симпатии сахалинских корейцев (1990-е гг.) М.:, 1998. 185–188 с.

27. Забровская Л.В. Трудовая миграция из КНДР в Россию (середина 1940-х – 2003 гг.) // Проблемы Дальнего Востока. 2005. № 5. С. 62–72.

28. Иконникова Е.А., Пак С.Ы. Писатели корейской диаспоры на Сахалине // Азия и Африка сегодня. 2009. № 7. С. 74–77.

29. Ищенко М.И. Сахалинцы: к истории формирования региональной идентичности // Краеведческий бюллетень. 2000. № 4. С. 3–14.

30. Ищенко М.И. Русские старожилы Сахалина. Вторая половина XIX – начало XX вв. / М.И. Ищенко, Южно-Сахалинск: Сахалинское книжное издательство, 2007. 360 с.

31. Катасонова Е.Л. Японские военнопленные в СССР. Большая игра великих держав / Е.Л. Катасонова, М.: Институт востоковедения РАН–Крафт, 2003. 432 с.

32. Ким Г.Н. Корейцы на Сахалине // Сервер «Заграница» [Электронный ресурс]. URL: http://world.lib.ru/k/kim_o_i/str1rtf.shtml (дата обращения: 12.12.2018).

33. Ким Г.Н. Распад СССР и постсоветские корейцы // Сервер «Заграница» [Электронный ресурс]. URL: http://world.lib.ru/k/kim_o_i/aws.shtml (дата обращения: 12.12.2018).

34. Ким Г.Н. История иммиграции корейцев. Книга 1. Вторая половина XIX в. – 1945 г. / Г.Н. Ким, Алматы: Дайк-пресс, 1999. 424 с.

35. Ким Г.Н. История иммиграции корейцев. Книга 2. 1945-2000

годы. Часть 1. / Г.Н. Ким, Алматы: Дайк-пресс, 2006. 428 с.

36. Ким Г.Н. История иммиграции корейцев. Книга 2. 1945-2000 годы. Часть 2. / Г.Н. Ким, Алматы: Дайк-пресс, 2006. 396 с.

37. Ким Г.Н. Селекция и специальная командировка материковы х корейцев на освобожденный Южный Сахалин (по материа лам Архива Президента Республики Казахстан) Владивосток: Дальпресс, 2016. 423–431 с.

38. Ким Е.Х., Черпакова К.Я. Сахалинские корейцы. Каталог колл екций из собрания Сахалинского областного краеведческого музея (1945–2018 гг.) / Е.Х. Ким, К.Я. Черпакова, Воронеж: ОО О «Фаворит», 2018. 352 с.

39. Ким И.Б. Сахалинские корейцы Южно-Сахалинск:, 1988. 61 с.

40. Ким И.П. Репатриация японцев с Южного Сахалина в послев оенные годы // Вестник Балтийского федерального универси тета им. И. Канта. 2009. № 12. С. 26–30.

41. Ким И.П. Политическое, социально-экономическое и демогр афическое развитие территорий, присоединенных к Российс кой Федерации после завершения второй мировой войны (Во сточная Пруссия, Южный Сахалин, Курильские острова). 1945 – первая половина 1949 года: дис. ··· канд. / И.П. Ким, Ю жно-Сахалинск:, 2011. 255 с.

42. Колесников Н.И. В одном строю с рабочими и крестьянами / Н.И. Колесников, Южно-Сахалинск: Дальневосточное книжн ое издательство, Сахалинское отделение, 1974. 120 с.

43. Костанов А.И., Подлубная И.Ф. Корейские школы на Сахалин е: исторический опыт и современность / А.И. Костанов, И.Ф. Подлубная, Южно-Сахалинск: Архивный отдел администрац ии Сахалинской области, Сахалинский центр документации новейшей истории, 1994. 24 с.

44. Краев А.И., Цупенкова И.А. Долгая дорога к большой сцене. Очерки истории театра на Сахалине / А.И. Краев, И.А. Цупен кова, Южно-Сахалинск: Сахалинское областное книжное изд ательство, 2003. 212 с.

45. Кузин А.Т. Дальневосточные корейцы: жизнь и трагедия судь бы (документально-исторический очерк) / А.Т. Кузин, Южно-Сахалинск: Дальневосточное книжное издательство, Сахалин

ское отделение, 1993. 368 с.

46. Кузин А.Т. Корейская эмиграция на русский Дальний Восток и ее трагизм Владивосток:, 1994. 112–114 с.

47. Кузин А.Т. Переход корейцев в Дальневосточные пределы Ро ссийского государства (поиски исследователя) / А.Т. Кузин, Южно-Сахалинск: Институт истории, археологии и этнограф ии народов ДВ ДВО РАН, 2001. 64 с.

48. Кузин А.Т. Сахалинские корейцы Хабаровск:, 2004. 61–72 с.

49. Кузин А.Т. Сахалинское корейское население: гражданско-пр авовые аспекты // III Рыжковские чтения. 2006. № 3. С. 95–101.

50. Кузин А.Т. Сахалинские корейцы: международно-правовые а спекты Южно-Сахалинск:, 2006. 155–159 с.

51. Кузин А.Т. Выдворение // Особое мнение. 2007. № 53. С. 54–56.

52. Кузин А.Т. Исторические судьбы сахалинских корейцев : [в 3 т.]. Т. 1. Иммиграция и депортация (вторая половина XIX в. – 1937 г.) / А.Т. Кузин, Южно-Сахалинск: Сахалинское книжное издательство, 2009. 262 с.

53. Кузин А.Т. Судьбы корейцев в аспекте исторического опыта о своения Сахалина и Курильских островов // Россия и островн ой мир Тихого океана. 2009. № I. С. 269–281.

54. Кузин А.Т. Интеграция корейского населения в историко-гео графическое и социокультурное пространство Сахалинской области IV Рыжковские чтения: материалы научно-практиче ской конференции. Южно-Сахалинск, 7–8 октября 2008 г. Юж но-Сахалинск:, 2009. 77–82 с.

55. Кузин А.Т. Исторические Судьбы Сахалинских Корейцев : [В 3 т.]. Т. 2. Интеграция и ассимиляция (1945–1990 гг.) / А.Т. Куз ин, Южно-Сахалинск: Сахалинское книжное издательство, 2010. 336 с.

56. Кузин А.Т. Исторические судьбы сахалинских корейцев : [в 3 т.]. Т. 3. Этническая консолидация на рубеже XX–XXI вв. / А.Т. Кузин, Южно-Сахалинск: Лукоморье, 2010. 384 с.

57. Кузин А.Т. История сахалинских корейцев как неисследован ная актуальная научная проблема // Научные проблемы гума нитарных исследований. 2010. № 10. С. 30–37.

58. Кузин А.Т. Корейцы – бывшие японские подданные в послев оенной советской системе управления на Южном Сахалине (1945–1947 гг.) // Власть и управление на Востоке России. 2010. № 3. С. 95–101.

59. Кузин А.Т. Послевоенная вербовка северокорейских рабочих на промышленные предприятия Сахалинской области (1946–1960 гг.) // Россия и АТР. 2010. № 3. С. 148–156.

60. Кузин А.Т. Сахалинские корейцы: из истории национальной школы (1925–2000-е гг.) // Вестник Санкт-Петербургского Уни верситета. Серия 13. 2010. № 4. С. 3–8.

61. Кузин А.Т. Трансформация гражданского статуса сахалински х корейцев // Власть. 2010. № 08. С. 75–78.

62. Кузин А.Т. Корейцы на Южном Сахалине Владивосток:, 2010. 40–47 с.

63. Кузин А.Т. Просвещение сахалинского корейского населения: исторический опыт и современность // Вестник Красноярско го государственного университета им. В.П. Астафьева. 2011. № 2. С. 252–257.

64. Кузин А.Т. История корейского населения российского Сахал ина (конец XIX – начало XXI вв.) 2012.

65. Кузнецов С.И. Корейцы в Советско-японской войне 1945 г. и проблема репатриации Иркутск:, 2004.

66. Курбанов С.О. История Кореи: с древности до начала XXI в. / С.О. Курбанов, СПб.: изд-во СПб. ун-та, 2009. 680 с.

67. Ланьков А.Н. Корейцы Сахалина // Восточный портал [Элект ронный ресурс]. URL: http://lankov.oriental.ru/d113.shtml (дата обращения: 12.12.2018).

68. Ланьков А.Н. КНДР вчера и сегодня: Неформальная история Северной Кореи / А.Н. Ланьков, М.: Восток–Запад, 2005. 445 с.

69. Лашкевич А. Первая встреча // Советский Сахалин. 1989. С. 2–3.

70. Ли Б.Д. Южный Сахалин и Курильские острова в годы японс кого господства (1905–1945 гг.) 1976.

71. Лим С.-сук Обсуждение значения «возвратной миграции» сре ди сахалинских корейцев // Вестник Сахалинского музея. 2011. № 18. С. 261–264.

72. Ло Е.Д. Проблема российских корейцев / Е.Д. Ло, М.: Арго, 1995. 108 с.

73. Мартин Т. Империя положительной деятельности: Советский Союз как высшая форма империализма М.: РОССПЭН, 2011. 88–116 с.

74. Миссонова Л.И. Этническая идентификация населения Сахалина: от переписи А.П. Чехова 1890 года до переписей XXI века М.: ИЭА РАН, 2010. 88 с.

75. Миямото М. Японские исследования быта корейцев на Сахалине в период Карафуто // Россия и островной мир Тихого океана. 2009. № 2. С. 261–268.

76. Молодяков В.Э., Молодякова Э.В., Маркарьян С.. История Японии. XX век / В.Э. Молодяков, Э.В. Молодякова, С.. Маркарьян, М.: ИВРАН; Крафт+, 2007. 528 с.

77. Пак С.Ы. Жизнь корейцев на Карафуто // Информационный портал корейцев СНГ.

78. Пак С.Ы. Репатриация сахалинских корейцев на родину: история и проблемы // Сахалинское информационно-аналитическое агентство [Электронный ресурс]. URL: http://siaa.ru/index.php?pg=1&id=127088&owner=1&page=4&ndat=&cd=012012&hd=3 (дата обращения: 01.01.2019).

79. Пак С.Ы. Корейцы на Сахалине: до и после Чехова Южно-Сахалинск: Лукоморье, 2006. 159–179 с.

80. Пак С.Ы. А.П. Чехов и проблема ассимиляции иммигрантов (на материале произведений сахалинских корейцев) Южно-Сахалинск: Издательство СахГУ, 2006. 53–58 с.

81. Пак С.Ы. Проблема адаптации иммигрантов и её выражение в литературных текстах (на материале произведений сахалинских корейцев) // Филологический журнал. 2006. № XIV. С. 17–21.

82. Пак С.Ы. Адаптационная эволюция обрядов жизненного цикла у сахалинских корейцев // Современные корееведческие исследования в Дальневосточном государственном университете. 2006. № 4. С. 37–44.

83. Пак С.Ы. К вопросу об этимологии и структуре собственных имен сахалинских корейцев Южно-Сахалинск: Издательство

СахГУ, 2006. 107–112 с.

84. Пак С.Ы. Обряды жизненного цикла сахалинских корейцев: ро ждение ребенка, пэкиль, толь Южно-Сахалинск:, 2006. 41–43 с.

85. Пак С.Ы. Сахалинская корейская семья: от традиционной к с овременной М.: Издательство МГУ, 2006. 133–141 с.

86. Пак С.Ы. А. П. Чехов и проблемы аккультурации в сфере пит ания сахалинских корейцев // X Чеховские чтения. 2007. № 10. С. 55–61.

87. Пак С.Ы. Проблемы сыновней почтительности «хё» у сахали нской корейской диаспоры Южно-Сахалинск:, 2007. 63–67 с.

88. Пак С.Ы. Проблемы репатриации сахалинских корейцев на и сторическую родину Южно-Сахалинск: Издательство Лукомо рье, 2008. 277–287 с.

89. Пак С.Ы. К вопросу о послевоенной ответственности Японии за судьбу сахалинских корейцев СПб.: Издательство Политех нического Университета, 2009. 88–90 с.

90. Пак С.Ы. Проблемы идентификации сахалинской корейской молодежи Южно-Сахалинск:, 2009. 39–41 с.

91. Пак С.Ы. Политические репрессии и депортация корейцев с Сахалина в 1930-х-70-х гг. // Известия корееведения в Центра льной Азии. 2010. № 9 (17). С. 55–67.

92. Пак Х.Ч. Репортаж с Сахалина. Историческое эссе / Х.Ч. Пак, Южно-Сахалинск: Файн Дизайн, 2004. 138 с.

93. Подлубная И.Ф. Источники формирования корейского насел ения на Сахалине Владивосток:, 1994. 115–117 с.

94. Тавадов Г.Т. Этнология. Современный словарь-справочник / Г.Т. Тавадов, М.: Диалог культур, 2007. 704 с.

95. Тен М.Д. Особенности личных взаимоотношений корейцев У збекистана с корейцами Республики Корея в трудовых колле ктивах Уссурийск:, 2011. 240–243 с.

96. Толстокулаков И.А., Пак С.Ы. Корейская диаспора на Сахали не: история формирования Владивосток:, 2009.

97. Федоров (Даугавпилс) В.П. Дон-Аминадо: Эмиграция как «па радокс и мечта» под ред. А. Данилевский, С. Доценко, Талин н: Издательство Талинского университета, 2012. 50–83 с.

98. Фукс-Хайнритц В. Биографический метод М. Институт Соци ологии РАН: Институт Социологии РАН, 1994. 11–41 с.

99. Хегай И.А. Корейцы России: история и современность Иркут ск:, 2004.

100. Цупенкова И.А. Забытый театр (Из истории Сахалинского к орейского драматического театра. 1948-1959 гг.) // Вестник С ахалинского музея. 1997. № 4. С. 207–213.

101. Чернолуцкая Е.Н. Трудовое и бытовое устройство корейцев на Сахалине в конце 1940-х – начале 1950-х годов Владивост ок:, 2004. 117–125 с.

102. Щеглов В.В. Переселение советских граждан на Южный Сах алин и Курильские острова в середине 40-х – начале 50-х гг. XX в. // Краеведческий бюллетень. 2000. № 4. С. 54–68.

103. 방일권. 한국과 러시아의 사할린 한인 연구 (연구사의 검토) // 동북아역 사논총. 2012. (38). С. 363–413.

104. 이성환. 사할린 한인 문제에 관한 서론적 고찰 // 국제학논총. 2002. № 7. С. 215–231.

105. 장석흥. 사할린지역 한인 귀환 // 한국근현대사연구. 2007. № 43. С. 210–275.

106. 정혜경. 1944년에 일본 본토로 '전환배치'된 사할린(화태)의 조선인 광부 // 한일민족문제연구. 2008. № 14. С. 5–73.

107. 한혜인. 사할린 한인 귀환을 둘러싼 배제와 포섭의 정치 - 해방 후~1970 년대 중반까지의 사할린 한인 귀환 움직임을 중심으로 // 사학연구. 2011. № 102. С. 157–198.

108. 三木理史. 戦間期樺太における朝鮮人社会の形成 // 社会経済史学. 2003. № 68-5. С. 25–45.

109. 長澤秀. 戦時下南樺太の被強制連行朝鮮人炭礦夫について // 在日朝鮮 人史研究. 1986. № 16 (10). С. 1–37.

110. 長澤秀。 戦時下強制連行極秘資料集。4冊 / 長澤秀。, 1996. 293 с.

111. The Japanese Colonial Empire под ред. R.H. Myers, M.R. Peattie, Princeton: Princeton University Press, 1984. 541 с.

112. Ассоциация сахалинских корейцев // Советский Сахалин. 1990. С. 1.

113. Сахалинская общественная организация дважды принудите льно мобилизованных корейцев Южно-Сахалинск: Идюн ди

нен, 2001. 228 с.

114. Сахалинские корейцы: история и современность. (Докумен
ты и материалы, 1880–2005) под ред. А.Т. Кузин, Южно-Саха
линск: Сахалинское областное книжное издательство, 2006.
460 с.

약어 목록

ГИАСО – 사할린주국립역사문서보관소
РГАСПИ – 러시아국립사회정치사문서보관서
SCAP – 연합군최고사령부
НА СОКМ – 사할린 주 지역 박물관 과학 기록 보관소
ГАРФ – 러시아연방 국립문서보관소
ДВВО – Дальневосточный военный округ
МИД – Министерство иностранных дел
РГАНИ – 러시아국립최신사문서보관소

15